_____ **Fritz Walter**

Fritz Walter
Die Legende des deutschen Fußballs

Herausgegeben von Rudi Michel

Engelhorn Verlag Stuttgart

Die Deutsche Bibliothek – CIP-Einheitsaufnahme

Fritz Walter:
Die Legende des deutschen Fußballs/
herausgegeben von Rudi Michel. –
Stuttgart : Engelhorn Verlag, 1995
    ISBN 3-87203-216-X
NE: Michel, Rudi [Hrsg.]

© 1995 Engelhorn Verlag, Stuttgart
Alle Rechte vorbehalten
Lektorat: Renate Jostmann
Typographische Gestaltung: Brigitte Müller
Umschlagentwurf: Edgar Schill
Satz: Steffen Hahn GmbH, Kornwestheim
Reproduktionen: Reprotechnik Herzog GmbH, Stuttgart
Druck und Bindearbeit: Friedrich Pustet, Regensburg
Printed in Germany

ISBN 3-87203-216-X

Inhaltsverzeichnis

Rudi Michel Zu diesem Buch 7

Für Fritz Walter

Helmut Kohl 10 · Kurt Beck 11 · Egidius Braun 11
Norbert Thines 12 · Franz Beckenbauer 12
Uwe Seeler 13 · Max Schmeling 14

Fußball – mehr als ein Spiel

Hans Blickensdörfer Zeitlos populär wie Max Schmeling 18
Fritz Walter Das wichtigste Spiel meines Lebens 33
Fritz Walter Habt ihr Ball, Schuhe, Trikots? 43
Rudi Michel Unser Fritz 46

»Deutschland ist Weltmeister«

Heinz Schumacher »Was is? Hasche Mumm?« 58
Richard Kirn Der Regen von Bern 64
Herbert Zimmermann
»Noch sechs Minuten im Wankdorf-Stadion zu Bern...« 66
Wolfgang Hempel »Noch acht Minuten.
Unaufhaltsam läuft der große Zeiger...« 70
Stefan Brauburger Das Wunder von Bern 76
Alfred Georg Frei Die Heimkehr 86
Arthur Heinrich »Gute Jungens, Volk, wie das Volk« 91
Rudi Michel Fußball auf Seite eins.
Die In- und Auslandspresse über Bern 104
Klaus Hildebrand Der Slogan, wir sind wieder wer... 109

Erich Klaila Herr Müller begrüßt Fritz Walter im Frankfurter Stadion – Ein Wiedersehen nach sechzehn Jahren 111
Gerhard Seehase Über die Kunst, Fritz Walter *und* Nationalmannschaften zu führen 115
Dietrich Weise 100 000 in Leipzig 125
Horst Vetten »Wir haben Fußball tiefer erlebt.« Wiedersehen mit Puskas 134

Die Literaten und die Legende Fritz Walter

Jörg Drews Damals Moment siebenundvierzig jawohl 142
Ludwig Harig Die Eckbälle von Wankdorf 146
Benjamin Henrichs Liebster Fritz! 147
Friedrich Christian Delius Der Sonntag, an dem ich Weltmeister wurde 150
Michael Bauer Es war e schääni Zeit 155

Zeitbilder und Zeitzeugen

Fritz Walter Mit somnambuler Sicherheit 160
Peter Lenk Meine erste Begegnung mit »Fritz« 164
Heinrich Breyer Alsenborn – das Märchen ohne Happy-End 167
Karl Schmidt Mitspieler, Mitstreiter, Wegbegleiter. Versuch einer Würdigung 174
Rudi Michel Unterwegs mit dem prominenten Freund 187
Wilfried Burr »Der Erfinder von Kaiserslautern« 195

Autoren 201
Quellenverzeichnis 206
Bildnachweis 208

Rudi Michel

Zu diesem Buch

Über den Fußballspieler Fritz Walter haben zuerst nur Sportjournalisten in schmalen Spalten geschrieben, bald darauf befaßten sich Zeitberichter und Leitartikler mit dem Spitzensportler und seiner Ära. Später erkannten ihm Kommentatoren und Kritiker Vorbildfunktion zu, und heute würdigen Feuilletonisten, Literaten und Schriftsteller den Antistar als Persönlichkeit besonderer Prägung. Eine fast einmalige Sportlerlegende, wie ich finde. Alles, oder fast alles, was über Fritz Walter in den Printmedien erschien, habe ich über viele Jahre archiviert. Bücher, Tages- und Fachzeitungen, Zeitschriften, Magazine und andere Veröffentlichungen füllen reihenweise die Regale. Die Erkenntnis, daß man eine so wertvolle Sammlung nicht für sich behalten soll, führte schließlich zu dieser Anthologie. Verständlicherweise ist sie auf eine sorgfältige Auswahl von Beiträgen begrenzt. Die Artikel haben keineswegs nur Erinnerungswert, vielmehr geht es den Autoren vor allem in den neuen Betrachtungen um Wertung und Würdigung einer Person der Zeitgeschichte.

Dabei wird deutlich, daß der sensible Sympathikus eine vergleichbar zeitlose Popularität genießt wie Max Schmeling. Beide waren nie Medienstars, eher das Gegenteil. Prominente Sportler wie Boris Becker, Michael Stich oder Michael Schumacher erfreuen sich via TV einer weltweiten Bekanntheit, wie sie Fritz Walter in der fernsehlosen Zeit nie erreicht hat. Dennoch erfahren die Stars von heute noch nicht die »uneingeschränkte Beliebtheit beim Volke«, die »Volkstümlichkeit«, wie dies bei Fritz Walter und Max Schmeling der Fall ist (lexikalische Feinabstimmung: bekannt ist nicht populär).

Die Fußball-Weltmeister von 1954 – Turek, Posipal, Kohlmeyer, Liebrich, Mai, Eckel, Rahn, Morlock, Ottmar Walter und Hans Schäfer – haben damals mit ihrem Kapitän Fritz Walter und dem »Chef« Sepp Herberger das Selbstwertgefühl der Deutschen nach dem verlorenen Krieg wiedererweckt. Die dankbare Erinnerung blieb über Generationen hinweg haften. Läßt sich zeitlose Popularität an Einzelbeispielen erklären? Der Versuch sei gewagt: Auf die Frage einer Erzieherin, wer Fritz Walter sei, antwortet ein zehnjähriger Junge 1995(!): »Das ist doch der, der Kaiserslautern erfunden hat!« Diese Episode ist keine Journalisten-Anekdote, sondern authentisch belegt. Mein Nachbar, ein alter General (ohne jede Beziehung zu Fußball, »diesem komischen Spiel!«), erinnert sich: »In schwerster Zeit russischer Kriegsgefangenschaft verkündet der Lagerkommandant am 5. Juli 1954: ›Leute, heute müßt ihr nicht arbeiten, denn Deutschland ist Fußball-Weltmeister geworden.‹« Des Generals Wunsch nach vierzig Jahren: Sagen Sie Ihrem Freund meinen Dank für den unvergessenen Tag.

Juni 1995: Fritz Walter ist Gast bei der deutschen Nationalmannschaft in der Schweiz. Er hält eine Stegreifrede von dreißig Minuten. Augen- und Ohrenzeuge Wolfgang Niersbach, DFB-Pressechef, berichtete erstaunt: »Auch die jüngsten Spieler hingen an seinen Lippen, folgten gebannt seinen Worten. Es ist immer wieder faszinierend, wie spielerisch leicht der ›Alte Fritz‹ alle Generationen anspricht und für sich einnimmt.«

Weil diese und andere Geschichten, Berichte und Zeitdokumente nicht verlorengehen dürfen, haben wir sie in diesem Fritz-Walter-Buch zusammengestellt, und meine Regale sind immer noch nicht leer.

Der Herausgeber

Für Fritz Walter

Meine Sympathie gilt einem Mann, der wegen seiner großartigen Leistung sowie wegen seiner stets fairen und untadeligen Haltung zu Recht Anerkennung und Respekt über Generationengrenzen hinweg genießt.

Die herausragenden sportlichen Erfolge, die Fritz Walter mit der deutschen Fußball-Nationalmannschaft und dem 1. FC Kaiserslautern errungen hat, begründen seine auch heute noch ungebrochene Popularität. Viele Ehrungen und Auszeichnungen sind ihm bis in die jüngste Zeit zuteil geworden.

Was mich persönlich am meisten bei meinen Begegnungen mit Fritz Walter bewegt hat, ist sein herzliches und offenes Wesen gegenüber jung und alt, seine Menschlichkeit. Sein uneigennütziger Einsatz für andere und sein soziales Engagement sind beispielhaft – Fritz Walter ist ein Vorbild. Ungebrochen ist die enge menschliche Bindung innerhalb der Weltmeister-Mannschaft von 1954; auch hier wirkt unverkennbar das freundschaftliche Engagement des Ehrenspielführers Fritz Walter.

Ich wünsche Fritz Walter für die Zukunft alles erdenklich Gute, vor allem Gesundheit, Wohlergehen und Gottes Segen.

Helmut Kohl
Bundeskanzler

Fritz Walter wird älter, aber nicht alt. Für die Jugend ist er ein Vorbild geblieben, Fußball-Generationen haben ihm nachgeeifert. Als Kind konnte ich seine Spielkunst bewundern, und seine Bücher, die an die Weltmeisterschaften erinnerten, waren die spannendste Jugendlektüre.

Fritz Walter hat seiner Heimat, der Stadt und dem Land, die Treue bewahrt. Der Fußball-Internationale hat überall immer auch für seine Heimat geworben. Er ist ein ehrenamtlicher Botschafter auch für das Land Rheinland-Pfalz.

Wir haben Fritz Walter zu danken für seine Lebensleistung.

Kurt Beck
Ministerpräsident des Landes Rheinland-Pfalz

Fritz Walter ist zu einer Zeit ein Star des grünen Rasens gewesen, als noch nicht jeder Quadratzentimeter von einer Kamera erfaßt wurde. Nur alte Schwarzweißaufnahmen erinnern an seine Fußball-Kunst. Trotzdem hat sein Ruhm, der am legendär gewordenen 4. Juli 1954 seinen Anfang nahm, schon mehrere Generationen überdauert. Die Begründung dafür liegt im Menschen Fritz Walter. Er hat nie den Boden unter den Füßen verloren, ist immer ein Mann des Volkes geblieben. Einen wie ihn als Vorbild und Galionsfigur zu besitzen, ist ein Glücksfall für den deutschen Fußball. Aufschwung, Ansehen und die Erfolgsgeschichte des DFB sind untrennbar mit Fritz Walter und dem 54er WM-Team verbunden.

Egidius Braun
Präsident des Deutschen Fußball-Bundes

Der 1. FCK dankt seinem Fritz Walter

F – ußballdenkmal in Kaiserslautern
R – astelli am runden Leder
I – dol der Sportjugend
T – radition als Gütesiegel der FCK-Geschichte
Z – eugnis großartiger Völkerverständigung im Sport

W – ahrzeichen außergewöhnlicher Spielkultur
A – ntreiber, Motor, Denker und Lenker
L – eidenschaftliche Hingabe an seinen Club
T – ugend: Bescheidenheit und Selbstdisziplin
E – hrenspielführer beim FCK auf Lebenszeit
R – oter Teufel – Inbegriff!

Fritz Walter...
...seine Leistung war, ist und bleibt Sportgeschichte Kaiserslauterns. Die Stätte seines Wirkens trägt zu Recht seinen Namen: Fritz-Walter-Stadion! Für uns bleibende Verpflichtung!

Norbert Thines
Präsident des 1. FC Kaiserslautern

Oft sehen wir uns wochen- und monatelang nicht. Aber wenn ich dann Fritz Walter treffe, ist sofort ein vertrautes Verhältnis vorhanden, das man eben nur zu einem sehr engen Freund entwickeln kann. Natürlich sind der Fußball und die ungezählten Anekdoten, die wir uns immer wieder gerne erzählen, die Basis unserer Freundschaft. Auch wenn Fritz nicht der Kapitän der legendären Weltmeisterelf von 1954 gewesen wäre, hätte sich diese Freundschaft entwickelt.

Ich schätze an ihm zwar sehr, daß er in früheren Jahren herrliche Pässe geschlagen und schöne Tore erzielt hat, mehr aber seine menschliche Wärme. Immer gut gelaunt, stets für einen Scherz zu haben, aber auch immer bereit für einen guten Ratschlag – so kenne ich Fritz Walter. Damit er so bleibt, wünsche ich ihm für seinen weiteren Lebensweg vor allem Gesundheit.

Franz Beckenbauer

Wenn noch heute landauf, landab vom großen, alten Fritz gesprochen wird, dann weiß jeder, der sich für Fußball interessiert, wer gemeint ist. Ich erinnere mich an meine erste Begegnung mit Fritz Walter bei der Weltmeisterschaft 1958 in Schweden. Ein Erlebnis, das unsere Freundschaft geformt und geprägt hat, bis auf den heutigen Tag. Fritz Walter, damals 38 Jahre alt, nahm mich, der als Youngster in die Mannschaft kam, in den Arm und fragte besorgt: »Mensch, Uwe, wie sollen wir das bloß schaffen? Ich als alter Mann, wenn das man gutgeht.«

Und ich habe geantwortet: »Fritz, mach' dir keine Sorgen, ich bin der Jüngste, ich laufe für dich mit.« Ich glaube, das war der Beginn einer tiefen Freundschaft. Je länger wir uns kannten, desto enger wurde das freundschaftliche Verhältnis.

Er war mein Vorbild und ist es noch heute, und das in allen Bereichen des Lebens. Ob sportliche Tips in meiner Sturm- und Drangzeit oder gutgemeinte Ratschläge für den privaten und beruflichen Bereich, zu ihm konnte ich kommen, wann ich wollte; er war immer für mich da, hatte immer Zeit für mich.

Fritz Walter ist und bleibt »mein Ehrenspielführer«. So rede ich ihn auch heute an, wann und wo immer wir uns sehen. Voller Respekt, voller Anerkennung. Ein großer Sportler, für den Menschlichkeit, Ehrlichkeit, Herzlichkeit und Fairneß die höchsten Tugenden sind.

Uwe Seeler

Sport und die sich daraus herleitenden Gemeinsamkeiten bringen Menschen aller Nationen zusammen im Geiste einer friedlichen Welt.

Fritz Walter, ein Sportler von Weltformat, ausgestattet mit den Eigenschaften von Anstand und Fairneß, verkörpert schlechthin diese Art des internationalen Sportlers. Über Jahrzehnte verbindet uns eine Freundschaft, auch wenn wir in sehr unterschiedlichen Sportarten aktiv waren. Wir haben uns stets glänzend verstanden, nicht nur wegen seiner sportlichen Welterfolge, sondern auch weil ich ihn als wertvollen Menschen kennen- und achtengelernt habe.

Trotz des errungenen Fußballweltmeisterschaftstitels im Jahre 1954 blieb der Fritz immer der bescheidene Sportsmann, der auch die Leistungen seiner sportlichen Gegner achtete. Diese Eigenschaften zeichnen ihn in besonderer Weise aus und verdienen höchste Anerkennung.

Er hat Maßstäbe gesetzt, damals und über Jahrzehnte hinweg. Seine Persönlichkeit machte ihn zum Idol des Fußballsports.

Max Schmeling

Fußball – mehr als ein Spiel

Hans Blickensdörfer ⎯⎯⎯⎯⎯⎯⎯⎯⎯⎯⎯⎯⎯⎯⎯⎯⎯⎯⎯⎯⎯

Zeitlos populär wie Max Schmeling

Fritz Walter habe ich kennengelernt, als es noch keine Bundesrepublik gab, für die er hätte spielen können. Und noch nicht einmal eine Währungsreform. Dafür aber ein unter französischer Verwaltung stehendes Saargebiet, in dem Milch und Honig flossen, wenn man an unser Trizonesien denkt. Ich habe in Saarbrücken meine ersten Nachkriegsbananen gekauft und das erste internationale Freundschaftsspiel erlebt, seit die Waffen schwiegen.

Charlton Athletic, soeben in Wembley Gewinner des ältesten Fußballpokals der Welt geworden, kam auf den weniger bekannten, aber ebenfalls traditionsreichen »Kieselhumes«, um sich mit dem 1. FC Saarbrücken zu messen, der heute leider zu den schwarzen und bestraften Schafen des *DFB* gehört. Das hätte sich sein großer Gönner und langjähriger *DFB*-Präsident Hermann Neuberger nicht träumen lassen.

Und wer hätte sich träumen lassen, daß Fritz Walter, der dabei war, eine große Mannschaft aus dem 1. FC Kaiserslautern zu machen, sieben Jahre später Deutschland in Bern zum Weltmeistertitel verhelfen würde?

Damals, 1948, war er immerhin schon 27. Man redet da vom besten Fußballalter, aber was nützt es, wenn es nicht in die Zeit paßt, in der niemand weiß, wie ein zerstörtes und besetztes Land wieder auf die Beine kommen soll? Wer will da etwas von begnadeten Fußballerbeinen wissen?

Trotzdem hat der Betroffene an sie geglaubt. Man kann das, angesichts der Realität, irrational nennen.

Aber einer, dem gegeben ist, was dem Fritz gegeben war, kann gar nicht anders als an die Tragfähigkeit von Füßen zu glauben, die greifen können. Anders gesagt: Er begreift sie und damit sich selbst, ohne darüber zu reden. Ohnehin ist die Begleitmusik großer Worte, die Einzug gehalten hat im modernen Berufsfußball, nie seine Sache gewesen.

So ist mein erstes Interview, das ich ihm als junger Zeitungsvolontär auf dem Kieselhumes beim Saarbrücker Freundschaftsspiel gegen Charlton Athletic abrang, eher dürftig gewesen. Es entsprach allerdings auch den dort gezeigten Leistungen. Der englische Pokalsieger gewann 2 : 1 in einem gut bezahlten Urlaubsspiel, das sich kein deutscher Klub mit seinem wertlosen Geld leisten konnte.

Der Fritz spielte ziemlich wortkarg den Verteidiger der Engländer: »Ich habe mehr Spielwitz, einfach mehr Ideen erwartet, aber man muß verstehen, daß sie eine anstrengende Saison hinter sich haben. Gelernt habe ich eigentlich nur, was ›Kick-and-rush‹ bedeutet.«

Von einem Metzgersgang von Kaiserslautern nach Saarbrücken aber hat er nicht geredet. Nur ein paar Worte darüber, daß er dabei sei, ein paar wohlklingendere Töne auf dem Betzenberg anzuschlagen. »Es wird der Tag kommen, an dem wir international wieder dabei sind, und nachdem ich die Engländer gesehen habe, brauchen wir uns nicht zu genieren.«

Für Fritz, den Sensiblen, um nicht zu sagen den Ängstlichen, sind das schon große Worte gewesen. Besser als die Erfinder des Fußballs zu sein, hat schließlich schon an Blasphemie gegrenzt.

Weltmeister hätte man ja direkt sein müssen, um auf solche Gedanken zu kommen. Wie hätten sie passen sollen zu einem, der nicht einmal Profi war, nicht profitorientiert denken konnte und sogar seine Besessenheit für die Spielkunst verbarg, als ob er sich ihrer schämte.

Und trotzdem ein Vergleich mit Max Schmeling? Schließlich hat Fritz Walter nie mit den Fäusten gekämpft, und er hat auch nie zu denen gehört, die mit der Faust auf den Tisch schlagen.

Aber mit feinem Instinkt haben die Leute sowohl seine Kunst als auch seine chevalreske Art begriffen, die, wiewohl höchst unterschiedlich zu der Schmelings, Hochachtung erzeugt.

Es hängt unzweifelhaft damit zusammen, daß sie in kritischen Zeiten geboren wurden, in denen der Sport zwar kein Allheilmittel, aber ein sehr taugliches Mittel für ein angeschlagenes Selbstbewußtsein war. Heute besitzt man genug davon, um Millionäre des Sports in anderem Licht zu sehen. Sie sind akzeptiert und werden auch gebraucht und verbraucht von einer Gesellschaft, in der das faszinierende Abenteuer immer rarer wird; sie konsumiert es durch das Fernsehen, geht zur Tagesordnung über und bringt oft genug Neid ins Spiel bei Gagen, die einen träumen lassen.

Bei Fritz Walter hat's keinen Neid gegeben, und er ist auch kein Millionär geworden. Ein Lauterer Bub ist er geblieben.

Das muß einfach heute noch gesagt werden. Als Sepp Herberger fünfundsiebzig wurde, haben wir in seinem Haus in Hohensachsen mit der ganzen Weltmeistermannschaft von 1954 gefeiert, aber der Fritz ist nicht aufgestanden zu einer pompösen Laudatio, wie sie in Wirtschaft und Politik üblich ist. Einen kleinen Doppelpaß hat er mit dem gespielt, den er zeitlebens den »Chef« genannt hat, und das haben Chef und Mannschaft verstanden, so, wie sie sich immer verstanden haben, weil sie sonst nicht Meister im größten Spiel der Welt geworden wären.

Als bekennender Realist mit einer Neigung zu herber Selbstkritik, die den Künstler plagt und dem Ellenbogen-Fritzen fremd ist, hat dieser Sensibel-Fritz nicht problemlos seine zweite Karriere angepackt.

Wenn du 25 bist und die Zeiten gut sind, kannst du in Ruhm und Geld schwimmen bei entsprechender Begabung. Aber gerade weil es dieses angenehme Gleiten nicht gab, hat der Fritz seine stärkste Waffe eingesetzt.

Und hier haben wir das Geheimnis seines Erfolgs. Was ihm

vorschwebte, war die geschmeidige Perfektion, dieses Hochschrauben von Talent, das ohne harte Arbeit verkümmernder Selbstzweck ist. Es konnte kein Geld bringen, weil es kein richtiges gab, dafür aber eine unbezahlbare Zufriedenheit.

Die hat er gebraucht, Spielernatur, die er war. Und er hatte nicht vergessen, daß sie ihm eine womöglich jahrelange russische Kriegsgefangenschaft erspart hatte. Diese geschenkte Freiheit hat die Selbstbestätigung geradezu herausgefordert, hat ihm Impulse gegeben, die Otto Normalverbraucher in diesen Tagen nicht haben konnte, aber deren Früchte er genießen durfte, als der »alte Fritz« neun Jahre später das anlaufende Wirtschaftswunder mit dem Weltmeisterschaftssieg gegen den haushohen Favoriten Ungarn bereicherte.

Es ist für die Deutschen eine Bereicherung emotionaler Art gewesen, die nur vergleichbar ist mit Max Schmelings Sieg über Joe Louis, der die Nation begeisterte, wiewohl er von den Nazis auf völlig andere Art ausgeschlachtet wurde. Tatsache bleibt, daß die beiden in gar nicht so unterschiedlichen Zeiten eine zeitlose Popularität erreicht haben, die selbst einem Gottfried von Cramm nicht zuteil wurde und von der auch Boris Becker nur träumen kann. Wenn er, wie Fritz Walter, seinen 75. Geburtstag feiert, wird sich die Leistungsgesellschaft, falls sie dann noch eine ist, mit ein paar Zeilen an ihn erinnern mit dem Wohlwollen, das dem Ex-Champion gebührt.

Ästhet wollte er sein, dieser Fritz Walter, in Spiel und Auftreten. Da wird eine Parallele zu Gottfried von Cramm und Max Schmeling deutlich. Die Attitüde eines Gentlemans, die Popularität schmückt und verfeinert. Und zeitlos macht. Was aber wiederum zusammenhängt mit der Zeit, in der sie geboren wird. Max Schmeling wurde als nationale Symbolfigur gebraucht. Den farbigen Joe Louis auszuknocken war eine siegfriedhafte Heldentat fürs Volk, wiewohl sie von den Machthabern auf eine von ihm nicht gewollte und unkontrollierbare Weise ausgeschlachtet wurde.

Natürlich ist die Erinnerung an Bern die nachhaltigste. Die Franzosen würden sagen, sie gehört zum »patrimoine«, zum nationalen Erbgut, und »Grandeur« im volkstümlichen, vertretbaren Sinn, ist durchaus geschwommen im Kielwasser dieses Weltmeisterschaftssieges im populärsten aller Spiele. Wie auch im Triumph Max Schmelings.

Der Ring des Fußballs freilich ist ein ganzer Hektar, und du hast zehn Freunde neben dir und elf gegen dich, die nicht mit den Fäusten, sondern mit Kopf und Beinen zu besiegen sind. Und dazu nach allen Regeln der Kunst, an die sich Fritz Walter und Max Schmeling, jeder auf seine Weise, gehalten haben. Das hat man ihnen nie vergessen, so wenig, wie Fritz Walter nie die für ihn unvorstellbare Peinlichkeit eines Platzverweises vergessen mußte. Schwer genug ist's ihm gefallen, überschwappende Popularität zu verkraften, in der sich moderne Kollegenschaft sonnt nebst Honorierung, die ihn aber zum Weltmeister honoris causa macht. Er hat seine Après-WM gemeistert. Auf andere Weise als der ebenfalls geniale, aber in eine andere Zeit hineingeborene Beckenbauer. Gemeinsamkeiten sind von unbestreitbarer Auffälligkeit, aber sie verkaufen sich heute anders. Jeder hat das Seine gegeben, aber unter ganz anderen Vorzeichen.

Von Fach- und Laienwelt wurde 1954 gar nichts erwartet. Hatten ihnen die deutschen Zöllner an der Schweizer Grenze nicht huldvoll einen schönen Urlaub im Hotel Belvedere am Thuner See gewünscht, weil nach ihrer Ansicht gegen die Weltelite so wenig zu holen war wie beim kleinen Grenzgänger, der mit ein paar Fränkli in der Tasche das reiche Basel bestaunte?

Und die Fachwelt sah's nicht anders. Gut erinnere ich mich an Jacques de Ryswick, der in »L'Equipe« von Teutonen schrieb, deren Kraft nur in den Muskeln saß und nicht von Esprit gelenkt wurde. Man muß dem guten Jacques allerdings einschlägige Erfahrungen zugute halten, weil er im Kriegsgefangenenlager Finsterwalde bei Berlin zu allem anderen erzogen wurde als zu einem Freund der Deutschen. Nach einer abenteuerlichen und gelungenen Flucht ist es ihm schwergefallen, gewisse Ressentiments abzulegen.

Und er wußte auch von Fritz Walter nichts, im Gegensatz zu seinem Pariser Kollegen Gabriel Hanot, der 1942 nach dem mit 5 : 3 gewonnenen Länderspiel gegen die Schweiz in Bern die

Max Schmeling, Mona Baptiste, Fritz Walter: vor einem Wohltätigkeitsspiel für Berliner Kinder (1959).

erste große internationale Lobeshymne auf Fritz Walter gesungen hat. Sie hängt eingerahmt im weißen Haus zu Alsenborn am Rande des Waldes, in dem der Fritz leise pfeifend spazierengeht, wenn er sich nicht traut, zu wichtigen Spielen auf den »Betze« zu gehen. Denn immer noch umschwirren ihn diese Plagegeister vor Spielen, in denen Beweise zu liefern sind. Ein Zeichen von Frau Italia am Vorhang zeigte dann ihrem sensiblen Fritz, ob der Sekt des Sieges bereitsteht oder ob er noch eine Verdauungsrunde drehen muß.

Viel mehr als solche Alltagsgeschichten hat freilich diese 42er Arie des wohl bedeutendsten internationalen Experten Gabriel Hanot für ihn bedeutet. Trotz Krieg, dessen Ende nicht absehbar war, hat ihm der Kosmopolit Hanot, der 1955 zum Vater der Europapokale wurde, eine große Karriere prophezeit und ist damit zu Herbergers Verbündetem geworden.

Beide begriffen die Genialität und auch die Hilfe, die sie brauchte. An einem großen Tag unterstützte der Fritz jeden, der mit ihm spielte. Er konnte Feuer entfachen und es lodern lassen mit Mitteln, die anderen nicht gegeben waren. Aber er konnte auch an Selbstzweifeln nagen, wenn die ersten Aktionen mißlangen, und die sind leichter in Kaiserslautern zu beseitigen gewesen, wo alle für ihn zusammenhielten, weil sie wußten, was sie ihm verdankten, als in der Nationalmannschaft, wo die Egopflege im Vordergrund steht. Das galt auch damals schon, wenn auch nicht in dem Maße wie heute, wo das große Geld und der Marktwert eines Sportlers eine bedeutende Rolle spielen.

Keiner hat es besser gewußt als Sepp Herberger. Er hätte Fritz Walter in den Regen gestellt, wenn er ihm nicht Teamkollegen zur Seite gegeben hätte. Soviel wie möglich, auch wenn mancher Name kaum über die Oberliga Südwest hinausgedrungen war. Wie sollte Deutschlands Fußball mit seiner regionalen Kirchtumspolitik den der Welt beherrschen?

Das Rezept des alten Fuchses von der Bergstraße, dessen

Augen in fernsehloser Zeit zu fußballerischen Röntgenstrahlen wurden, war von naturgegebener Einfachheit. Um seinem wichtigsten Mann die Umgebung zu verschaffen, die er brauchte, holte er mehr als die Hälfte seines Teams aus der pfälzischen Stadt, die damit, salopp gesagt, WM-Wiege wurde: Werner Kohlmeyer, Horst Eckel, Werner Liebrich sowie das Brüderpaar Ottmar und Fritz Walter.

Zwei Brüder im Sturm nebeneinander, das hatte es noch nie in der Nationalmannschaft gegeben. Zwei recht unterschiedliche überdies, denn der Ottmar war nicht nur größer und stärker, er war auch mental etwas robuster, ohne dieses Feingefühl zu haben, das die florettartige Waffe des Bruders war. Genau im rechten Moment konnte er zum Säbel greifen, wenn der Fritz die Gasse geöffnet hatte.

Und auf eigenartige Weise kommt da Max Schmeling ins Spiel. Beide waren als Buben beeindruckt von ihm wie der Vater und überhaupt Millionen in einem Land, das unter wirtschaftlichen und politischen Problemen stöhnte und plötzlich ein Ventil mit Namen Schmeling entdeckte. Nachts um zwei holte Vater Walter die Buben, zu denen auch Ludwig gehörte, ans Radio zum Superkampf Louis – Schmeling in Amerika, der nach zwölf langen Runden mit dem K.-o.-Sieg des Deutschen endete und landesweit Euphorie entfachte, die der Fritz 1954 mit seinen Männern ins anlaufende Wirtschaftswunder hineintrug.

Ganz typisch aber die Lage im familiären Kreis: Vater Walter, viel weniger Fan des Fußballs als des Boxens, erklärte seinen Sprößlingen vehement, daß Boxen nicht nur die männlichste aller Sportarten sei, sondern auch Ruhm und Geld einbringe. Worauf der Ottmar spontan der Boxabteilung des 1. FC Kaiserslautern beitrat.

Aber der Fritz blieb auf den Füßen, die er als seine Greifwerkzeuge betrachtete. Gewaltlose Kunst war es, die ihm vorschwebte, ohne daß dies seine Hochachtung vor Max

25

Schmeling geschmälert hätte. Aber auch ohne sich zu versteigen in weltmeisterliche Träume. Die sind erst sehr viel später gekommen, als er in Spiez am Thuner See zu realisieren begann, daß auch den Ballkünstlern aus Ungarn beizukommen sei mit Kunst, die sich verbindet mit einem Kampfgeist, den die sieggewohnten Magyaren belächelten.

Sepp Herberger, Fuchs der er war, setzte im ersten Spiel gegen Ungarn in Basel, ohne auf den Fritz zu verzichten, der auf dem Platz und nicht auf der Bank studieren sollte, fast eine Reservemannschaft ein, die mit 3 : 8 verlor und die Fachwelt lächeln ließ.

Aber nicht den Seppl. Acht Tore hatte er ja nicht gerade kassieren wollen, aber es hat wenigstens keine bissige Boulevardpresse gegeben, die einen Berti Vogts bei einem solchen Resultat in der Luft zerrissen hätte. Schließlich war man auch nicht jemand. Da hat erst der 4. Juli in Bern kommen müssen.

Man könnte es Herbergers Bauernschläue nennen, wenn nicht viel mehr dahintergesteckt hätte. Da hat ein Selfmade-Pädagoge seinen besten, aber auch sensibelsten Spieler für den entscheidenden Tag in einer Weise aufgebaut, die zurückstrahlen mußte auf die Mannschaft.

Das Wort Underdogs stand 1954 noch nicht im deutschen Lexikon, aber Herberger hat dem Fritz seine Bedeutung beigebracht: »Du brauchst dich vor keinem von denen zu verstekken, und du hast Männer auf deiner Seite, die es auch nicht müssen, wenn du ihnen das Beispiel gibst.«

Das ist die moralische Spritze gewesen, die sich ausgezahlt hat mit dem Titel des Weltmeisters im populärsten Spiel dieser Welt.

Und tatsächlich hat das, was da am 4. Juli 1954 im Wankdorfstadion zu Bern passierte, frappierende Ähnlichkeit mit Max Schmelings Sieg über Joe Louis, weshalb sich hier der Kreis zeitloser Popularität schließt.

Die Beweise dafür sind leicht zu liefern. Viel leichter als jene für politische oder wirtschaftliche Popularität. Staats- und wirtschaftliche Größen sind sicherlich entscheidender fürs sogenannte Volkswohl, aber einer wie Fritz Walter hat dazu mehr gegeben, ohne mit einem Bruchteil von dem entlohnt zu werden, was heute dafür eingestrichen wird.

Im September 1995, also wenige Wochen bevor Fritz Walter 75 wurde, hat Max Schmeling seinen 90. Geburtstag gefeiert, und auf die Gefahr hin, als bombastischer Heldenverehrer belächelt zu werden, behaupte ich, daß da zwei sportlich extrem begabte Söhne einfacher Eltern geboren wurden, die außergewöhnlich viel bewegt haben. Beide waren zum richtigen Zeitpunkt zur Stelle, an dem es galt, das Selbstvertrauen ihrer Mitbürger zu stärken.

Das Thema ist leicht verwechselbar mit nationaler oder gar nationalistischer Überheblichkeit. Unzweifelhaft hat sie in beschränkten Köpfen stattgefunden, und das hat Fritz Walter ebenso abgestoßen wie Max Schmeling. Beide haben überzogenen Popularitätsrummel mehr gefürchtet als ihre sportlichen Gegner und haben erst lernen müssen, über ihn zu lächeln. Und herzlich lachen können sie eigentlich nur mit Freunden, bei denen sie die richtige Wellenlänge spüren.

Freunde sind sie geworden, noch ehe der Fritz Weltmeister war und der Max ein verehrter Exweltmeister. Das hat der Sport damals bewirkt, ohne angewiesen zu sein auf ein profitables und zugleich profitlich denkendes Sponsorentum.

So trafen sich also in der Frankfurter Festhalle im Herbst 1951 der 30jährige Fritz Walter und der 45jährige Max Schmeling zum ersten Mal.

Im schnellebigen Sport, der ein Privileg der Jugend ist, gehörten sie schon zu den reiferen Jahrgängen. Sepp Herberger freilich hat mit der forschen Idee geliebäugelt, den »alten Fritz« noch 1962 bei der Weltmeisterschaft in Chile einzusetzen. Er wußte, daß es seine letzte war, und er beschwor den 42jährigen Fritz Walter mitzumachen. Behandlung mit Frischzellen war zwar noch nicht gerade die große Mode, aber mit Hilfe von Ernährungsexperten versuchte er, dem Fritz einzubläuen, daß er auch mit 42 seinen Mann stehen würde, den Mann, den er brauchte.

Doch der machte nicht mit. Viel zu sensibel war er, um sich nicht vor einem Versagen zu fürchten. Außerdem gefiel ihm Herbergers Vorschlag, ihn zu seinem Nachfolger zu machen, gar nicht.

»Chef«, sagte er, »ich bin kein Chef von Ihrer Art. Ich kann vielleicht etwas im Spiel bewegen, aber nicht von außen. Ich denke, daß Helmut Schön das viel besser kann.«

So mußte der Seppl, was er nie gerne getan hat, aufgeben. Zwar hatte der Fritz, manierlich wie er war und auf Halten des Kampfgewichts bedacht, alles getan, alles, was der Chef ihm befahl. Aber der sagte ihm mit leicht säuerlicher Ironie: »Schön wird's noch früh genug.« Es ist ja dann bei der Weltmeisterschaft 1974 schön geworden.

Man kommt leicht ins Abschweifen, wenn es sich um das Phänomen Walter – Schmeling handelt. Die bedeutendsten Höhepunkte des deutschen Sports sind von beiden diktiert worden, aber keine Diktatoren haben sich getroffen, als sie sich 1951 zum ersten Mal sahen.

Fritz Walter staunte über die freundschaftliche Wärme, mit der ihm der Mann, der Weltmeister im Schwergewicht der härtesten aller Sportarten gewesen war, begegnete, und kam sich vor wie ein Bub, obwohl er gerade die dreißiger Schwelle genommen hatte, die in seinem Sport Grenznähe bedeutet. Aber dieser Max Schmeling lachte darüber: »Du hast noch viel vor dir, Junge. Ich habe dich spielen gesehen und auch mit Herberger gesprochen. Er hat mir erzählt, wie er dich braucht, aber auch, wie sensibel du bist. Glaubst du vielleicht, ich wäre es nicht gewesen, hätte keine Angst gehabt vor Kämpfen, egal ob ich Underdog oder Favorit war? Es gibt keine leichten Kämpfe mehr, wenn du hinein willst in die Elite. Ich habe auch meinen Herberger gehabt und gebraucht. Artur Bülow hat er geheißen, und hier in der Frankfurter Festhalle, wo wir jetzt sitzen, haben sie mich zum haushohen Favoriten gemacht, als ich gegen Gipsy Daniels in den Ring stieg. Und was war? Vier oder höchstens fünf Runden hatten sie dem Amerikaner zugetraut, aber in der ersten bin ich in seinen K.-o.-Haken hineingelaufen. Ich war viel jünger als du jetzt bist, aber ich war so deprimiert, daß ich mit dem Boxen aufhören wollte. Und wahrscheinlich hätte ich es ohne die Hilfe von Artur Bülow getan. Leute wie wir machen unser Selbstvertrauen nicht immer selbst, merk dir das, und vergiß nicht, daß ich zu deinen Bewunderern gehöre!«

Genau ein Jahr später, im Oktober 1952, hat Fritz Walter mehr vergessen als das. Da ist im alten Pariser Stadion von Colombes eine Wunde aufgerissen worden, die nicht heilbar schien. Nicht, weil Deutschland im ersten Nachkriegsländerspiel gegen Frankreich, das zehntausend Schlachtenbummler in die Hauptstadt führte, mit 1:3 verlor, sondern weil Fritz Walter, wie weiland Schmeling in Frankfurt, ausgeknockt wurde.

Auf fußballerische Weise, versteht sich, aber die kann genauso unerbittlich sein wie der boxerische K.o. Der Fritz spielte mit, aber er erduldete das Spiel wie ein namenloser Mitläufer, und bissige Kommentare vermischten sich mit sogenannten verständnisvollen, die einem verdienstvollen Veteranen den Abgang leichter machen wollten.

Ich gestehe, daß ich zu ihnen gehörte. Mein Pariser Telefonbericht an die Zeitung ist sicherlich nicht niederträchtig, aber ziemlich mitleidsvoll gewesen. Vom Ende einer Ära ist die Rede gewesen, aber noch am Abend dieses Tages, an dem die Zeitung noch gar nicht gedruckt war, habe ich es bereut. Denn der alte Gabriel Hanot, hat mir, als seine Arbeit für »L' Equipe« beendet war, gesagt: »Euer Fritz ist untergegangen, weil er nicht fertiggeworden ist mit eurem Erwartungshorizont. Im Stadion von Colombes ist auch Revanchismus in der Luft gelegen, mit dem einer wie der gar nichts anfangen kann. Das ist über den Fußball hinausgegangen und hat ihn überfordert.

Für mich bleibt er ein Künstler des Spiels, und, ich bin ganz sicher, daß er das beweisen wird.«

Man hat damals 1952 geschrieben. Zu gewinnen war im Fußball, denkt man an die heutigen Verhältnisse, nicht viel. Fritz Walter, der eine Banklehre hinter sich hatte, konnte sich immerhin erlauben, administrative und mäßig bezahlte sowie wichtigere Dinge für seinen Klub auf dem Spielfeld zu tun.

Kaiserslautern, pfälzische Provinzstadt mit dem üblichen regionalen Zuschnitt, bekam eine Bedeutung, die dem besten aller Oberbürgermeister unerreichbar ist. Dieses Verdienst gebührt dem zum Ehrenbürger ernannten Fußballmeister Fritz Walter.

Aber auch Sepp Herberger. Der ist es gewesen, der den Fritz nach dem Pariser Debakel von 1952 aufrichtete und ihn, nimmt man alles in allem, zum Max Schmeling eines ganz anderen Sports machte.

Das ist es, was zwei Männer, deren Wellenlängen gleich sind, verbindet und ihnen diese zeitlose Popularität verschafft hat, die unerreichbar bleiben wird im televisionären und vom Sponsorengeld regierten Zeitalter.

Sind sie nicht, wenn man den Versuch macht, Fernsehen fernzusteuern, treffliche Buben wie Max und Moritz, die eine Gesellschaft braucht, um nicht in Langeweile zu ersticken?

Natürlich hinkt der Vergleich wie die meisten Vergleiche, zumal beide in unterschiedlich schwierigen Zeiten den Menschen Spaß gemacht haben, Spaß, der sich nicht mit Geld beziffern läßt. Aber wohl gerade deshalb haben Dank und Popularität nicht verblühen können.

Max Schmeling freilich war Profi. Berufssportler der einzigen Art, die die Nazis duldeten, auch wenn ihnen das Wort Moneymaker gegen den Strich ging. Fritz Walter ging als Amateur in seine Karriere und beendete sie als Vertragsspieler, ein langer Weg, der nicht mit großen Scheinen gepflastert war. Leicht hätte er sie in Italien oder Spanien kriegen können mit einer Viertelmillion Handgeld plus Gehalt und Prämien, was in den fünfziger Jahren ein deutscher Traum war. Er hätte ihn realisieren können, aber ganz abgesehen von seinem Naturell, das ihn unterscheidet von den meisten Stars der Neuzeit, wäre es ihm, wenn das Wort gestattet ist, als Verrat vorgekommen.

Sie sind Zwillinge, wiewohl zu verschiedenen Zeiten geboren. Zweifellos hat es mit Ruhm zu tun, der zur rechten Zeit geboren wurde.

Aber auch mit Bescheidenheit. Und mit Persönlichkeit, die den Erfolg anstrebt mit außergewöhnlichen Mitteln und nicht abhebt, wenn er erreicht ist. Zwei, ja, sogar drei Generationen haben das begriffen und eines dieser irrationalen Phänomene festgehalten, die weit über den Sport hinausgehen.

Sport ist nicht alles, aber (fast) alles ist Sport. Man sehe sich die Herausforderungen an, die das Leben stellt. Aber wie sieht's aus mit der sportlichen Lösung, mit der, die wir die saubere nennen?

Daß auch versucht wird, im modernen Sport zu betrügen, weil eine Goldmedaille oder eine Weltmeisterschaft zehn Millionen und gar mehr einbringen können, ist naturgeborene Menschlichkeit. Hinzu kommt Sponsorentum, das den Sieg um jeden Preis fordert.

Weder Max Schmeling noch Fritz Walter sind, zu verschiedenen Zeiten, unter Vorzeichen dieser Art angetreten. Sie haben, um es mit gebotener Deutlichkeit zu sagen, mit dem Selbstverständnis der Begabten ihre Chance wahrgenommen, für die die vox populi mehr Verständnis aufbringt als für den modernen Gladiator, wie immer er heißen mag.

Dafür kann er nichts, so wenig wie Fritz Walter etwas dafür konnte, daß ihm der Krieg die besten Jahre gestohlen hat.

Aus dem tiefsten aller Löcher hat er steigen müssen, und Weltmeister ist er geworden, trotz aller Selbstzweifel, die ihn geplagt haben. Und das Echo, das er damit ausgelöst hat, ist nicht nur vom Betzenberg aus zu hören. Da hören nicht nur Pfälzer mit.

Fritz Walter hat das ungewöhnliche Bild des Antistars gezeichnet, das sich wohltuend abhebt von dem des arrivierten Stars der Moderne. Als er den Krieg überlebt hatte, ging's ums Überleben einer Karriere, die unter Vorzeichen stand, die keiner erahnen kann, der in Geschäfte einsteigt, die für den Fritz ein Spiel waren.

Er hat es gespielt auf Tasten, in die nie einer greifen wird, der in den fußballerischen Wohlstand greift und daher nicht begreift, was dieses Spiel bedeutet hat für ihn.

Deshalb, und das muß einfach betont werden mit der griffigsten Taste, die sich anbietet, nennen ihn die Kumpels von der 54er WM-Elf nur Friedrich. Auf diesen Namen ist er auch getauft worden, ohne daß die Eltern auch nur die geringste Ahnung vom Setzling hatten, der die Welt mit einer Weltmeisterschaft überraschen würde.

Und das zu einem Zeitpunkt, der sensationell genannt werden muß. Deshalb ist dieser Fritz Walter tatsächlich Friedrich der Große des deutschen Fußballs geworden. Der alte Fritz hat seinen hochdotierten Nachfolgern ein internationales Entrée verschafft, das nicht hoch genug zu veranschlagen ist. Der Fridericus Rex des großen Spiels hat sein Zeichen gesetzt.

Laßt uns nun auch eines setzen per Vokativ, wie sich's gehört: Ad multos annos, Friderice!

Fritz Walter

Das wichtigste Spiel meines Lebens

Fertig zum Aufbruch machten sich meine Kameraden und ich am 8. Mai 1945, dem Tag der deutschen Kapitulation, um von Deutsch-Brod in der Slowakei an die Moldau zu kommen. Wir gehörten einem Jagdgeschwader an. Unser Kommodore, Oberstleutnant Hermann Graf, war, als die Lage aussichtslos wurde, nicht gemeinsam mit den anderen Piloten abgeflogen. Er hatte vielmehr beschlossen, daß sich alle zusammen, Bodenpersonal, Flieger und er selbst, in die Gefangenschaft begäben. Daher waren die noch flugtauglichen Maschinen in den ersten Maitagen zerstört worden.

Mittags dann wurde es höchste Zeit loszufahren. Denn es hieß, nur, wer bis Mitternacht westlich der Moldau sei, käme in amerikanische Kriegsgefangenschaft, wer östlich sei, geriete in die sowjetische. Und wir wollten natürlich zu den Amerikanern. Die Fahrt an die Moldau wurde zu einer Zerreißprobe für unsere Nerven. Wir gerieten mehrmals unter Partisanenbeschuß, und je näher wir dem Fluß kamen, desto häufiger mußten wir anhalten, da die Straßen verstopft waren. Dennoch erreichten wir schließlich unser Ziel. Am Abend des 8. Mai begab sich das Jagdgeschwader des Kommodore Graf bei Pisek in amerikanische Kriegsgefangenschaft.

Froh waren wir, daß uns das gelungen war, und heilfroh, daß der Krieg zu Ende war! Endlich war Schluß damit! Wir hofften jetzt einfach darauf, irgendwann, vielleicht schon bald, zu unseren Familien zurückkehren zu dürfen und uns dann ein Leben in Frieden aufbauen zu können. Auf jeden Fall war jetzt erstmal die Gefahr gebannt, jeden Augenblick umkommen zu können.

Sehr lang war es her, daß ich als Fußballspieler, der ich ja war, mein erstes Spiel im Trikot der Nationalmannschaft hatte bestreiten dürfen. Es war damals, am 14. Juli 1940, gegen die Rumänen gegangen. Wir gewannen 9 : 3. Und von den neun Toren hatte drei der bis dahin unbekannte, neunzehnjährige Fritz Walter aus Kaiserslautern geschossen. Doch es war bereits Krieg, und ich wurde noch im selben Jahr, am 5. Dezember, als Soldat zur Infanterie eingezogen. Ich kam nach Diedenhofen bei Metz.

Allerdings gingen die Länderspiele trotz Krieg eine ganze Zeit lang weiter. Das bedeutete für uns Nationalspieler, daß wir greifbar sein mußten. Wir wurden daher nicht an die Front geschickt, sondern kamen in die Garnisonen. Für die jeweiligen Spiele wurden wir beurlaubt. Die Organisation lag bei Sepp Herberger, der damals den Titel eines Reichstrainers führte, und beim Büro des sogenannten Reichssportführers von Tschammer und Osten. Gespielt haben wir gegen jene Länder, mit denen wir uns nicht im Krieg befanden, gegen die Schweiz beispielsweise, sodann gegen Finnland und Schweden sowie auch gegen Ungarn, Rumänien und Kroatien.

Für von Tschammer und Osten, das heißt also für das Regime, hatten diese Spiele natürlich eine durchaus politische Bedeutung. Man wollte sich durch sie Prestige verschaffen in der Welt. Es sollte demonstriert werden, daß Deutschland mitten im Krieg auch immer noch zu sportlichen Höchstleistungen in der Lage war. Auf allen Ebenen des Lebens wollte das Regime Stärke beweisen.

Wir Spieler haben uns über diese Dinge jedoch keine Gedanken gemacht. Wir sagten uns, wenn wir so gut wie möglich spielen, wird bald wieder ein Länderspiel angesetzt, wir kommen raus aus dem Soldatenalltag und können uns wiedersehen. Darüber hinaus bot sich im Zusammenhang mit den Spielen immer mal die Gelegenheit, zu Hause vorbeizuschauen und der Familie die eine oder andere Kleinigkeit mitzubringen.

Schweizer Schokolade zum Beispiel, die war schon was Feines im Krieg.

Trainer Sepp Herberger behelligte uns nicht mit der Weitergabe von Wünschen aus der Politik. Irgendwie sickerte einmal durch, daß sich bei einem Spiel gegen die Schweiz in Bern ein Sieg besonders gut mache, da es auf den 20. April 1941 fiel. Der Sieg sollte also unser Geschenk zu »Führers Geburtstag« sein. Wir verloren allerdings prompt 1 : 2. Für unseren Trainer war das kein Thema. Er verlangte von uns nur, was von Nationalspielern immer verlangt werden kann. Wir hatten daran zu denken, das Land auf dem Spielfeld wie außerhalb desselben ehrenvoll zu vertreten.

Am 20. November 1942 gewann die deutsche Nationalelf in Preßburg, dem heutigen Bratislava, 5 : 2 gegen die Slowakei. Dieses Spiel sollte das letzte sein, das wir während des Krieges im Nationaltrikot bestritten. Denn der politische Wind wehte auf einmal aus einer anderen Richtung. Von Tschammer und Osten persönlich ordnete an, daß ab diesem Zeitpunkt die Fußballspieler an die Front zu versetzen seien und ihre Namen nicht mehr in den Sportberichten zu erscheinen hätten. Mich benachrichtigte Sepp Herberger telefonisch in Diedenhofen davon. Es handelte sich um ein völliges Spielverbot. Als ich mich daher einige Zeit später doch zum Mitspielen in der Pariser Soldatenelf überreden ließ, gab es ziemlichen Ärger. Ich hatte zwar unter dem Namen Fritz Hack gespielt, aber ein Sportreporter entdeckte, wer da wirklich über den Platz lief, und veröffentlichte das.

Für ein »Nachspiel« ließen allerdings die Kriegsereignisse keine Zeit. Unser ganzes Bataillon wurde aus Frankreich nach Sardinien verlegt. Auf der Insel erkrankte ich, wie so viele meiner Kameraden, bald an Malaria. Sie sollte mich in den folgenden Jahren immer wieder mit Anfällen heimsuchen. Dann wechselte Italien die Fronten, wodurch unser Aufenthalt jäh abgebrochen wurde. Es gelang uns, nach Korsika überzusetzen, dort bis zur Hafenstadt Bastia zu kommen, um dann aufs italienische Festland geflogen zu werden. Von Piombino aus mußte ich nach Elba, dem neuen Stationierungsort unserer Einheit. Auf dem Schiff, mit dem ich fuhr, entdeckten die Matrosen, wer ich war. Sie waren darüber so aus dem Häuschen, daß sie mich bei der Ankunft in Elba nicht weckten, sondern wieder mitnahmen, damit ich ihnen bei der neuerlichen Überfahrt noch möglichst viele Fußballerlebnisse berichten konnte. Dann ließen sie mich aber in Portoferrajo an Land.

Nach einiger Zeit auf Elba beorderte man mich zum Kompaniechef. Er fragte, ob ich, der Obergefreite der Infanterie, einmal Flieger gewesen sei. Als ich das zweimal verneinte, meinte er, daß ihm dann meine sofortige Abkommandierung zum Jagdgeschwader 11 nach Jever doch recht sonderbar vorkomme. Auch ich verstand nicht recht. Sollte Sepp Herberger, der um meinen schlechten Gesundheitszustand wußte, die Hand im Spiel gehabt haben? Aber warum gerade nach Jever?

Kurz und gut, ich erhielt meinen Marschbefehl ausgestellt, und reiste über Kaiserslautern, wo ich die Eltern sehen konnte, im Dezember 1943 nach Ostfriesland. Als ich bei meiner Ankunft in Jever erfuhr, wer das dortige Jagdgeschwader leitete, ging mir ein Licht auf. Es war Kommodore Graf, damals noch im Rang eines Majors. Hermann Graf war absolut fußballbegeistert und spielte auch selbst. Er und Sepp Herberger waren gute Bekannte. Und wegen seiner Bedeutung für den Militärbetrieb hatte er eine ganze Reihe guter Spieler »einsammeln« und aus ihnen eine Mannschaft bilden können. Er hatte die Fußballer regelrecht »unter seine Fittiche genommen«. Schließlich hatte Herberger ihn auch um Hilfe für mich gebeten. Das war keine leichte Angelegenheit mehr für Graf. Er mußte mich vor Generaloberst Fromm sogar als seinen eigenen Vetter ausgeben, damit der dann höchstpersönlich meine Versetzung von der Infanterie zur Luftwaffe und von Elba nach Jever anordnete.

»Führt euch anständig! Tut euren Dienst, damit niemand etwas auszusetzen hat! Und reißt euch beim Training zusammen!« Das verlangte Major Graf von den Fußballspielern. Wir genossen also, von Beurlaubungen für die jeweiligen Fußballspiele abgesehen, keine Sonderbehandlung auf dem Fliegerhorst. Wir hatten unseren Dienst zu absolvieren und dazu natürlich das Trainingsprogramm. Nach den roten Trikots, die Graf für uns besorgt hatte, wurden wir die »Roten Jäger« genannt.

Was war das eine Freude für mich, wieder Fußball spielen zu dürfen! Ein ganzes Jahr lang war seit dem Spiel in Paris vergangen, bis ich jetzt gegen eine Marine-Auswahl eingesetzt wurde. Das Spiel, das die »Roten Jäger« 5 : 0 gewannen, fand auf einem Kiesplatz in Aurich statt. Zum Weihnachtsfest 1943 bescherte uns der Fußball ein besonderes Geschenk. Am zweiten Feiertag sollten wir gegen eine Mannschaft in Stuttgart antreten. Und das brachte es mit sich, daß wir mitten im Krieg den Heiligen Abend zu Hause feiern durften. Am ersten Weihnachtstag machten wir uns dann nach Stuttgart auf. Das Spiel verloren wir leider 3 : 6. Aber da bei den Stuttgartern Nationaltorhüter Jahn im Tor stand, war mit Treffern von unserer Seite aus nicht viel drin.

Wir haben zahlreiche Spiele bestritten. Als die wichtigsten Gegner betrachteten wir die Stadtauswahl von Frankfurt sowie den Luftwaffensportverein Hamburg. Das gegen Frankfurt geplante Spiel mußte ausfallen. Gerade in der Nacht vorher ging ein schwerer Bombenangriff nieder auf die Stadt. Wir Fußballer erlebten ihn natürlich mit, kamen aber alle heil davon. Das Spiel in Hamburg am 16. Januar 1944 zog zwölftausend Zuschauer an. Die »Roten Jäger« gewannen es durch einen Treffer von Hermann Eppenhoff kurz vor Schluß mit 3 : 2 und wurden mit anhaltendem Beifall begeistert gefeiert.

Je länger jetzt der Krieg dauerte, desto drohender und deutlicher zeichnete sich am Horizont die Niederlage Deutschlands ab. Am Pfingstmontag des Jahres 1944 spielten wir noch gegen den berühmten Hamburger Sportverein, den HSV, und gewannen 3 : 2. Und bereits am Abend des Pfingstdienstag wurde unser Fliegerhorst in Rotenburg bei Hamburg, wo wir inzwischen stationiert waren, von einem verheerenden Bombenangriff heimgesucht. Neben den vielen Verletzten forderte er zweihundert Todesopfer. Kommodore Graf wäre fast bei einem Luftgefecht mit den Amerikanern ums Leben gekommen. Er blieb uns nur wie durch ein Wunder erhalten, jedoch mit gebrochenen Knien, einem Oberarmbruch, etlichen Streifschüssen und mehreren ausgekugelten Gelenken.

Zwei Tage nach dem Angriff auf Rotenburg erfolgte unsere Verlegung ins französische Rennes. Dabei wurden von zwölf gestarteten JU 52 sieben abgeschossen. In einer davon hatte der Linksaußen der »Roten Jäger«, Leonhard, gesessen. Auch mir selbst wäre der Flug in die Bretagne um ein Haar zum Verhängnis geworden. Wegen der dauernden Angriffe wollte unser Pilot in Orléans landen. Als die Maschine gerade auf die Landebahn aufsetzte, wurde der Motor getroffen und brannte. Alles drängte schreiend nach vorn auf die Tür zu, wo ich stand. Da die Türklappe weg war, fehlte nicht viel, und ich wäre durch den Druck der Männer durch die Öffnung hinausgedrückt worden, mein sicherer Tod, da das Flugzeug noch immer mit weit über hundert Stundenkilometern dahindonnerte. Allein die zwei, drei Mann, die mir am nächsten standen und mich im letzten Augenblick am Koppel packten und ins Flugzeug zurückrissen, retteten mir das Leben.

In Rennes ging dann zunächst alles einen recht friedlichen Gang, bis wir dort ebenfalls einen furchtbaren Bombenangriff erlebten, worauf die Verlegung nach Le Mans erfolgte. Von dort zogen wir uns vor den anrückenden Invasionstruppen über Paris und Metz nach Deutschland zurück. Ich erinnere mich, daß das am 20. Juli 1944 geschah, da wir auf der Fahrt vom Attentat auf Hitler hörten. Es ging ins Ruhrgebiet auf den

Flughafen in Dortmund-Brackel, wo sogar wieder Fußballspiele möglich wurden. Doch wir blieben nicht lange in Dortmund. Ende September mußten wir nach Finsterwalde.

Dort machte plötzlich das Gerücht die Runde, Kommodore Graf sei genesen und habe im Osten ein Kommando übernommen. Und daß es sich nicht um ein bloßes Gerücht handelte, wurde klar, als unserem Chef in Finsterwalde der Versetzungsbefehl für alle »Roten Jäger« auf den Tisch flatterte. Hermann Graf hatte, da er erfuhr, es ginge nach Krakau für ihn, die Verlegung »seiner« Fußballer dorthin gefordert und tatsächlich durchgesetzt. Wir machten uns auf nach Polen. Wann immer die sich überstürzenden Kriegsereignisse gestatteten, spielten wir Fußball. Bei einem Spiel gegen die Soldatenelf »Mölders-Krakau« saßen über zwanzigtausend Zuschauer auf den Rängen, vorwiegend Soldaten natürlich. Wir besiegten den Gegner mit einem triumphalen 14 : 1.

Das Heranrücken der Roten Armee beendete die Zeit in Krakau. An endlosen Flüchtlingstrecks vorbei fuhren wir über Königshütte, Kattowitz und Beuthen nach Schweidnitz in Schlesien, südwestlich von Breslau. Nachdem wir auf dem dortigen Feldflughafen einige Wochen voller Angriffe zugebracht hatten, ging es in ein kleines Nest namens Weidengut, wo wir uns in Baracken einrichteten. Die Front rückte näher und näher. Russische Tiefflieger forderten viele Opfer. Bereits am 20. Februar 1945 waren die Sowjets in Breslau eingedrungen. Meine eigene Heimatstadt Kaiserslautern nahmen die Amerikaner am 22. März. Unser Jagdgeschwader erlebte seine letzte Verlegung. Es ging nach Deutsch-Brod in der Slowakei. Von da aus begaben wir uns am 8. Mai in amerikanische Kriegsgefangenschaft.

Die Amerikaner brachten uns von Pisek, wo die Gefangennahme stattgefunden hatte, nach Strakonice. Das Gefangenenlager bestand praktisch aus einer großen Wiese, auf der sich bei unserer Ankunft schon 40 000 Kriegsgefangene befanden. An einem Tag Mitte Mai hieß es dann auf einmal, die Amerikaner wollten uns den Sowjets ausliefern. Und nach einer Nacht sorgenvoller Unruhe wurde uns das Gerücht zur bitteren Gewißheit. Wir wurden auf Lastwagen geladen und Richtung Osten gefahren. Auf einer Wiese übernahmen uns sowjetische Soldaten, und ein endloser Zug resignierter und todtrauriger Gefangener setzte sich zu Fuß zur niederösterreichischen Grenze in Bewegung. Damit wir bei einem Fluchtversuch leicht als Kriegsgefangene zu erkennen waren, wurde uns bald allen der Kopf geschoren.

Ich erlitt irgendwann auf dem Weg durch Südosteuropa wieder einmal einen Malariaanfall. Als ich daraufhin aus dem Lazarett ins Zwischenlager zurückgebracht wurde, traf es mich wie ein Schlag: Alle meine Kameraden waren natürlich längst nach Osten weitertransportiert worden! Plötzlich war ich ganz allein.

In einem Güterzug ging es dann sechzehn Tage bis in das Auffanglager bei Marmaros-Sziget in Rumänien. Dort nun teilte man alle Gefangenen in Hundertschaften ein, um sie so leicht und bequemer ins Landesinnere der Sowjetunion weitertransportieren zu können, was noch am selben Tag geschah. Ich aber wurde beim Abzählen genau die Nummer eins einer kleinen Restgruppe von fünfunddreißig Mann, die erstmal im Lager blieb, bis sie mit weiteren fünfundsechzig Gefangenen zum vollen Hundert aufgefüllt werden konnte.

Als es nun Abend wurde an diesem Tag, sehe ich auf einmal, wie ein paar Mann beginnen, Fußball zu spielen. Es sind Angehörige der Lagerpolizei, die hauptsächlich aus gefangenen Slowaken und Ungarn besteht. Ich gehe langsam auf sie zu, bis mir plötzlich der Ball direkt vor die Füße fällt. Kunstgerecht hebe ich ihn einem Stürmer in den Lauf. Nochmal kommt der Ball auf mich zu, und da bin ich schon auf dem Platz, mitten unter den Spielern. Sie mustern mich und fragen, ob ich denn auch ein Fußballspieler sei. Als ich das bejahe, wollen sie, daß ich mitspiele. Zwei regelrechte Mannschaften werden gebildet mit den Namen »Lagerpolizei« und »Lazarett«. Und ich spiele. Oh, bin ich zuerst wackelig auf den Beinen! Doch dann vergesse ich alles, die Wackeligkeit, die Erschöpfung und die Gefangenschaft. Ich spiele Fußball! In der Halbzeit gehen alle mit Fragen auf mich los. Ich sage, woher ich komme und wer ich bin und daß ich in der deutschen Nationalmannschaft gespielt habe. Da erinnern sich einige Ungarn an das dramatische Spiel in Budapest 1942. Als dann die zweite Halbzeit um ist, bin ich kein namenloser Kriegsgefangener mehr. Die Lagerpolizisten feiern mich und versprechen mir, mich nie nach Rußland abtransportieren zu lassen. Am nächsten Morgen bringen sie mich zum sowjetischen Hauptmann Schukow. Sie bestürmen ihn, mich in Marmaros-Sziget zu behalten. Und wahrhaftig! Dieser Hauptmann mit seiner so imponierenden Stirn entscheidet, daß ich von der Liste für den nächsten Transport zu streichen und dem Wachpersonal zuzuteilen sei.

Eine »gnädige Hand« scheint in mein Leben eingegriffen zu haben. Denn bald darauf entdecke ich unter neuangekommenen Gefangenen meinen eigenen Bruder, den Ludwig! Ich muß ihm helfen. Die Lagerpolizisten wollen wissen, ob er ebenfalls Fußball spielt. Ich bejahe das, und wieder geht es zu Schukow. »Zwei ›Walter‹?« fragte er. Und er schweigt und denkt. Und es dauert eine halbe Ewigkeit für mich. Endlich öffnet er den Mund. »Soll bleiben!« sagt er.

Eines Tages werden die Lagerinsassen nach Nationalitäten eingeteilt. Die Deutschen sollen endgültig in die Gefangenenlager innerhalb der Sowjetunion gebracht werden, alle anderen Nationalitäten aber zurück in ihre Heimat. Da kommt der Slowake, der sich am meisten darum bemüht hatte, daß ich Fußball spielte, zu meinem Bruder und mir. Er fragt, woher wir denn genau seien. Als er hört, aus Kaiserslautern, meint er, da die Stadt von Franzosen besetzt sei, seien wir also Franzosen und nach Hause zu schicken. Hauptmann Schukow, der den

Schwindel auf den Listen bemerkt haben muß, schweigt. »Zwei ›Walter‹-Franzosen!« gilt offenbar auch für ihn. Und das Unglaubliche geschieht. Nach einer Fehlleitung unseres Transportes nach Bukarest und zum Lager zurück, wo sich ein Offizier noch den üblen Scherz erlaubt, uns zunächst den nach Sibirien zu Bringenden zuzuordnen, um uns im letzten Moment zurückzukommandieren, geht es Richtung Heimat. Es geht wirklich nach Hause! Über Wien, wo mich die Fußballfreunde von »Rapid« gleich behalten wollen, fahren Ludwig und ich nach Kaiserslautern. Am 28. Oktober 1945 sehen wir unsere Eltern und die Schwestern Sonja und Gisela wieder. Bruder Ottmar ist noch in amerikanischer Gefangenschaft. Meine Kameraden, die den Weg in die Sowjetunion hatten gehen müssen, kehren erst 1949 zurück, und leider nicht alle.

Viele Fußballspiele lagen hinter mir, darunter nicht wenige große. Viele folgten, wie man weiß, im Trikot der Nationalelf der neuen Bundesrepublik Deutschland, die auch dazu beitrugen, unserem Land wieder Ansehen zu verschaffen nach allem Leid, was von Deutschen über die Welt gebracht worden war. Der größte Triumph war sicher die Erringung der Weltmeisterschaft 1954 in Bern gegen Ungarn. Das wichtigste Spiel meines Lebens aber hatte ich im Lager von Marmaros-Sziget gespielt, oder richtiger, ich hatte es spielen dürfen.

Fritz Walter

Habt ihr Ball, Schuhe, Trikots?

Der erste Schritt auf dem Weg in die neugewonnene Freiheit sollte entscheidend sein für meine Zukunft. Die Frage war, arbeite ich wieder als Angestellter bei der Stadtsparkasse Kaiserslautern oder widme ich mich ganz dem Fußball. Eine schicksalhafte Weichenstellung. Die Alten im Club, die Idealisten bedrängten mich: Du mußt dich dem Verein zur Verfügung stellen, und zwar total. Spieler, Trainer, Spielführer, Geschäftsführer – alles sollte ich machen. So wollten sie es, und ich konnte nicht nein sagen. Ich stimmte zu: Fußball und nichts anderes.

Spielen und trainieren, aber wo und mit was? Habt ihr einen Ball – nach zwei oder drei Bällen zu fragen, hatte ich gar nicht den Mut. Habt ihr Schuhe, Trikots. Sie hatten. Die Treuesten, für die Fußball alles ist, gingen in der Kriegszeit nicht ohne den Vereinskoffer mit den wichtigsten Utensilien in den Luftschutzkeller. Später hielten sie alles vergraben, was ihnen lieb und teuer war.

Aber ein anderes Hindernis war nur schwer zu überwinden. Mit meinen ersten Helfern Ernst Liebrich, Werner Baßler und ein paar älteren Spielern aus der Vorkriegself stand ich auf dem Betzenberg vor verschlossenen Toren. Wir mußten umziehen, vom Betzenberg zum Erbsenberg, auf den Platz des Rivalen VfR Kaiserslautern.

Ich war am 28. Oktober 1945, drei Tage vor meinem 25. Geburtstag, aus russischer Kriegsgefangenschaft heimgekommen. An Feiern zum Wiedersehen oder zum Geburtstag dachte keiner. Die Freunde hatten Sorgen, wirkten, wie fast alle

Menschen, bedrückt von Existenzproblemen, denn nur wenigen bot sich eine Perspektive im tristen Alltag. Fußballspiele am Sonntag galten als willkommene Ablenkung. Niemand dachte dabei schon an eine reguläre Meisterschaft. Ich organisierte Privatspiele, bevorzugt gegen Dorfvereine. Offen gesagt, fuhren wir auf Hamstertour, aber wir verschanzten unsere Aktivitäten hinter der Kompromißformulierung Kalorienspiele. Auf einem offenen Lastwagen (»Holzvergaser«) tingelten wir über Land, durch Vorder- und Hinterpfalz, kassierten für unsere Gastspiele Gemüse und Obst, Kartoffeln und Wein und auch Tabak – aber nur für Tauschgeschäfte. Wurden zwölf Säcke Kartoffeln geboten, setzten wir alles daran, auch zwölf Tore zu erzielen. Wegen der Sperrstunde mußten wir am Abend vor zehn Uhr zurück sein, und vorher war noch die Ware gerecht zu verteilen, auf Handwägelchen heimzukarren oder auf dem Rücken zur Wohnung zu schleppen. Geld spielte vor der Währungsreform überhaupt keine Rolle. Was sollte man damit anfangen bei Eintrittspreisen von zwei Reichsmark für einen Tribünen-Sitzplatz oder 1,50 Mark für den Stehplatz. Als Geschäftsführer hatte ich mich mehr und mehr um Vitamin B zu bemühen, wobei B für Beziehungen stand. Also berief ich einen Freundeskreis zur Unterstützung der Mannschaft. Geschäftsleute, Bäcker, Metzger übernahmen Patenschaften für die Spieler. Wir waren schon sehr stolz, wenn wir samstags, einen Tag vor den Spielen, ein Brot unter drei Spielern aufschneiden und verteilen konnten. Später gab's ein Brot für zwei, dann hieß die Rationsregel: ein Mann, ein Brot. Und dazu soviel Wein, Wurst und Fleisch, daß auch noch etwas für die Familien übrigblieb.

So sind wir über die ersten Runden gekommen, weil dabei ein Gemeinschaftsgefühl besonderer Art entstand, gewachsen aus der Not jener Tage. Unser Zusammenhalt wurde gestärkt von den Frauen und Bräuten, die kleine Feiern veranstalteten und unsere Freundschaft noch förderten. Neid und Eifersüchteleien hatten keine Chance. Ich weiß, die andere Zeit erscheint uns heute als fremde Welt. Man mag darüber lächeln, für uns galt sie als Lehre fürs Leben.

Ich kannte bereits meine spätere Frau Italia, die als Dolmetscherin beim französischen Stadtkommandanten tätig war. Mit ihrer Hilfe trafen wir ein Arrangement von beachtlicher Auswirkung: Ich trainierte zweimal in der Woche die französische Soldatenmannschaft, und dafür gab die Besatzungsmacht den Betzenberg wieder frei. Aber ich sollte in der Soldatenmannschaft mitspielen. Dann wollte mich ein Offizier zum FC Metz vermitteln, Nancy fragte an und schließlich auch Racing Paris. Für mich aber gab es immer nur den 1. FC Kaiserslautern. Ein Zugeständnis mußten wir doch noch machen: Bei allen Spielen auf dem Betzenberg blieb die erste Reihe der Sitzplätze auf der Nordtribüne für die französischen Offiziere und ihre Damen reserviert.

In der Ehrenliga 1946/47 hatten die Spiele schon Meisterschaftscharakter. Richtig zur Sache ging es wieder in der Saison 47/48, als wir nach der Meisterschaft in der Oberliga Südwest beim ersten DM-Endspiel in Köln auf den 1. FC Nürnberg trafen. Das war dann schon der zweite Schritt auf dem Weg in die Normalität.

Rudi Michel

Unser Fritz

Der Rat der Stadt Kaiserslautern hat Fritz Walter am 25. November 1985 zum Ehrenbürger gewählt.
Die Laudatio zur Verleihung hielt der Herausgeber dieses Buches.

Ganz genau weiß ich das Jahr nicht mehr, aber es muß so um 1928/29 gewesen sein. Damals hat mein Vater alle 14 Tage sonntags beim Mittagessen gesagt, heut' gehen wir früher »uff de Betze«, vor der ersten Mannschaft spielt's klää Fritzje.

's klää Fritzje war damals der kleinste unter den Kleinen in der Schülermannschaft des 1. FC Kaiserslautern.

Und in der liebevollen Bezeichnung für ihn – die weiß Gott nicht nur mein Vater gebraucht hat –, in diesem doppelten Diminutiv lag schon etwas Besitzergreifendes, ähnlich der Hamburger Formulierung »Uns Uwe«. Er, Fritz Walter, war zur damaligen Zeit schon ein kleiner Alleinunterhalter für durchschnittlich 2000 bis 2500 Zuschauer, die über seine Fertigkeiten am Ball lachten, die über seine Fähigkeiten im Spiel staunten, und die ihn bejubelten und beklatschten als Mini-Star.

Fazit für alle Experten: Der wird mal einer, der wird ein ganz Großer; endlich werden wir auch in der Provinz einen Nationalspieler haben, einen Internationalen, sagte man in jener Zeit. Wie sich dann herausstellte, war es keineswegs Hellseherei, sondern purer Sachverstand.

Was hat der Knirps mit dem viel zu großen Ball gemacht, der ihm bis ans Knie reichte: einfach alles – alles hat er gekonnt, alle hat er verladen mit seinen Dribblings, mit seinen »Kunststückchen«; so nannten wir die Tricks mit dem Absatz – den

Ball hat er nicht hergegeben, bis er ihn dem Torhüter durch die dürren Beinchen ins Drahtnetz geschoben hat.

Der braucht nichts mehr dazuzulernen, haben sie gesagt. Der kann schon alles. Nur wachsen muß er noch. Und sie konnten es nicht erwarten, bis er größer wurde. Und Kraft braucht er noch. Aber das ist ein anderes Kapitel.

Natürlich sind wir Jungen ihm nachgelaufen, haben ihn bestaunt und waren schon stolz, einen Satz, ein Wort von ihm zu erhaschen. Einmal, so erinnere ich mich genau, liefen wir zu dritt oder zu viert im Innenraum hinter ihm her, als die erste Mannschaft kickte, aber nicht besonders eindrucksvoll spielte. »Viel zu engmaschig«, stellte er nach einem verächtlichen Blick aufs Spielfeld souverän fest. Ein Urteil, das traf, beeindruckte und das man als faszinierter Zuhörer nicht vergißt. Ein Leben lang nicht. Unsere Welt von damals war kleiner und heiler. Und sie endete für uns zwischen Niederauerbach und Waldfisch-

Vierter v. r.: Fritz Walter in der Schülerelf (1932).

bach. Wenn die »Erste« dort gewonnen hatte, war die Fußballwelt in Ordnung. Unser Nachbar hat zu den Auswärtsspielen sechs Brieftauben mitgenommen. Und nach jedem Tor steckte er einer Taube die frohe Botschaft in den Ring.

Zängry-Peter, ein Vorbild vom Fritz, hat einen Treffer erzielt, oder der Junge-Ad. Der Gebhard hat einen Elfmeter gehalten, oder: der Walter Schneider hat das entscheidende 2 : 0 geschossen.

Manchmal war die Information verwirrend, weil sich eine Taube verflogen hatte; dann erfuhren wir den Zwischenstand vom 2 : 0 vor dem 1 : 0. Aber die Brieftaube galt als das schnellste Medium unserer Kindheitstage. Mit Radio-Reportage war da noch nichts.

In der Woche – zwischen zwei Spieltagen – bezogen wir die Information über Mannschaftsaufstellung aus dem Aushang. In Kaiserslautern sagte man zum Aushang »Kästsche«. Jeder Verein hatte in seinem Viertel irgendwo so einen kleinen Holzkasten hängen. Aber die vom 1. FC Kaiserslautern, die Besseren und Vornehmeren, hatten ein Kästchen als vertieftes Rechteck in eine Hauswand gemauert, fein säuberlich verputzt, innen rot lackiert, eine Glasscheibe davor und elektrisches Licht drin. Das war im Gäßje beim Griasch, das Kästsche.

Allgemeiner Treffpunkt. Dort haben wir die Mannschaftsaufstellungen so oft gelesen, bis wir sie daheim auswendig hersagen konnten. Immer hingen dort die Erste, die 1b und die Schülermannschaft aus. Der Fritz halbrechts; der Fritz war immer »gestellt«. Gestellt ist alt-pfälzisch und heißt natürlich aufgestellt. Dort im Gäßje haben wir uns rumgedrückt in der Hoffnung, daß vielleicht auch der Fritz mal dahin kommt und man ihn aus der Nähe bestaunen kann. Aber der kam nie, wohl weil er wußte, daß es ohne ihn sowieso nicht ging, in der Schülermannschaft und später in der »Ersten«.

Kaiserslautern, die Großstadt, war zu jener Zeit eine Kleinstadt. Deshalb kannte man sich quer durch die Stadtteile. Ob nun einer im grünen, roten, blauen, weißen oder gelben Fünftel wohnte. Der Fritz war im grünen Fünftel zu Hause; ich im weißen.

Seine Gastspiele bei uns waren selten, obwohl Straßenfußball unsere Freizeitbeschäftigung Nummer eins war.

Dann und wann kam er doch, weil er den Werner Liebrich aus unserer Nachbarschaft kannte. Dann gings quer über die Straße von Kanal zu Kanal, und die heftigsten Zweikämpfe spielten sich in der Rinne ab. Der Tennisball mußte in den Kanal, dessen torähnliche, ovale Öffnung sonst das Regenwasser zu schlucken hatte. Die Parteien waren immer schnell zusammengestellt. Er allein gegen uns, gegen uns zwei oder drei. Der dribbelte uns aus wie er wollte. Mir blieb dabei meist nur die Kanalarbeit. Wie oft mußte ich den schweren gußeisernen

1. FC Kaiserslautern, deutscher Meister 1951.
V. l. n. r.: Volz, Fritz Walter, Jergens, Baßler, Eckel, Fuchs, Ernst Liebrich, Ottmar Walter, Werner Liebrich; kniend: Rasch, Adam, Kohlmeyer, Wanger.

Deckel vom Bürgersteig mit drei Fingern hochheben, damit der Werner Liebrich den Tennisball wieder aus dem Gully fischen konnte! Bei »zehn« zog er wieder ab, der Fritz, mit dem Fahrrad, und ließ uns streitend zurück.

In der Stadt ging es mit dem Fußball erst aufwärts, als der Fritz in die erste Mannschaft kam. Aber da war zuerst einmal das kleine, aber feine Mäzenatentum aufgerufen, denn die Metzger, die Bäcker, die sollten nun endlich etwas tun für die Spieler, für den Fritz, so maulten sie, die »Eckesteher« in der Stadt, am Riesen, im Gäßje am Kästsche. Sie redeten fachmännisch und geheimnisten viel Hoffnungsvolles in den Fußball. Denn Fußball ohne Kommentar, ohne Deutung, ohne Nacherzählung in der Woche, ohne Vermutung, ohne Geheimnistuerei war noch nie etwas wert. Also erzählten sie sich in den Straßen und Gassen, raunten sie sich zu, 's Fritzje – man beachte die Steigerung vom klää Fritzje zum Fritzje –, 's Fritzje ißt jetzt jede Mittag beim Metzger Speyerer – manchmal auch beim Metzger Willenbacher; ja, so stellten sie fest, was glaubst du, was die für Suppen kochen. Die nehmen doch sowieso das beste Fleisch für sich – die Metzger –, ab sofort aber auch für die Mannschaft.

Der Fritz ist und war der Lieblingssohn dieser Stadt, das Hätschelkind der Fans, die es nicht erwarten konnten, bis er endlich in der Nationalmannschaft aufspielte und ihre Voraussage über ein Jahrzehnt lang Realität wurde. Wehe, ein Gegenspieler hätte ihn je getreten. Taten die auch nicht, weil sie ihn gar nicht erwischten. Weil er sie immer perfekter stehenließ als Slalomstangen.

Und wenn die eigene Mannschaft mal in Bedrängnis geriet, dann meckerten sie auf den Stehrängen: Der Fritz soll sich am eigenen Strafraum den Ball geben lassen oder holen, alle umspielen und ein Tor machen. Aber dazu ist er viel zu uneigennützig. Können tät er's, behaupteten sie; und keiner wagte zu widersprechen.

Vor dem ersten Länderspiel des Fritz Walter kam der unsinnige Krieg. Und die Fußballdiskussionen traten in den Hintergrund. Eine kleine Notiz, in einer Soldatenzeitung gefunden, verkündete, er ist aufgestellt, er ist nominiert. Endlich war es soweit. Aber wer konnte es schon sehen, wer konnte das Debut miterleben in Frankfurt, kaum 150 Kilometer von Kaiserslautern entfernt. Egal, Hauptsache er war dabei!

Danach, eine Ewigkeit danach, als der Krieg vorbei war, raunten sie sich in der zerstörten Stadt zu, er sei in Gefangenschaft, in russischer. Und als ob sie keine anderen Sorgen gehabt hätten, fragten die Fanatiker, fragten sie entsetzt nach: in russischer?

Aber er soll es gut haben; einer hatte ihn gesehen. Er spielt im Lager, und der Kommandant lacht über seine Tricks. Und er hat ihm versprochen, ihn bald nach Hause zu schicken.

Überraschend liefen wir uns beim Sonntagsbummel, auch rue de galopp oder Rennstrecke genannt, auf der man in erster Linie nach feschen Mädchen und jungen Damen Ausschau hielt, über den Weg. Er hatte noch den kahlgeschorenen Kopf mit spärlich sprießendem Haarwuchs. In Erinnerung bleibt der Satz: »Das sage ich dir, bei der Stadtsparkasse fange ich nicht wieder an!«

Keine Entgegnung, nur Erstaunen: wie dieses? In einer absolut trostlosen Zeit, als keiner wußte, wo's langgehen wird, hatte er eine klare Zukunftsperspektive, und die hieß: Fußball. Das war das Wiedersehen mit der Persönlichkeit Fritz Walter: Ende 1945 oder Anfang 1946.

Jener Fritz Walter hat in der Zeit der Not ohne Brot mit seiner Mannschaft den Leuten wenigstens Spiele zelebriert. Nur wer diesen Abschnitt mitgemacht hat, wer diese Zeit erlebte, kann ermessen, was die Sonntage den Menschen in Kaiserslautern bedeuteten: Ablenkung von Not und Trauer, von Hunger und Elend. Einzige Abwechslung im tristen Alltag ohne Hoffnung und ohne Perspektive, Ablenkung durch eine

1. FC Kaiserslautern, deutscher Meister 1953.
V. l. n. r.: Scheffler, Fritz Walter, Eckel, Ottmar Walter,
Werner Liebrich, Render, Wenzel, Wanger;
kniend: Ernst Liebrich, Hölz, Kohlmeyer.

Fußballmannschaft. Da war einer, der mit zehn oder zwölf anderen, mit seinem Bruder Ottmar, mit den Liebrichs, mit Eckel, Kohlmeyer, Render, Wenzel, Scheffler, Wanger, Fuchs, Rasch, Jergens, Werner Baßler, Karl Adam und Willi Hölz, um die wichtigsten der beiden Meistermannschaften unter Trainer Richard Schneider zu nennen, 90 Minuten lang Zehntausenden sonntags Kino, Kaffeehaus und Konzertsaal ersetzte, ob sie vom Spiel etwas verstanden oder nicht. Ob sie Fußball früher mochten oder nicht. Sie rannten aus der zerstörten Stadt ins Stadion Betzenberg – nicht mehr wie früher nur zwei- oder zweieinhalbtausend, jetzt zehn- oder fünfzehntausend. Sie zeigten sich dort, sie trafen sich dort, sie zogen den besten Anzug, das beste Kleid an (wenn sie denn noch vorzeigbare

Klamotten hatten), wie früher im Theater, das zerstört und nicht zugänglich war.

Der Fritz spielt auf, das mußt du gesehen haben – das einzige Thema abseits von allen Sorgen um die Existenz. Das war Kunst, denn ein Teilaspekt der Kunst besteht darin, den Menschen mehr zu geben als sie selbst vermögen – auf welchem Gebiet auch immer. Zu jener Zeit war Fußball die Kunst der Ablenkung. Der Beifall, der diesen Fritz Walter und seine Mitspieler umrauschte, war nicht nur Bewunderung, er war Dank für einen abwechslungsreichen Sonntag, einen Tag des Vergessens, der die Woche davor und die Woche danach in den Hintergrund drückte. Zum ersten Mal zeigte sich, daß Fußball auf dem sozialen Sektor unserer Gesellschaft mehr sein kann als nur ein Spiel. Tausende erlebten in dieser Stadt darüber hinaus, welchen Spaß Fußball vermitteln kann, wie man sich bei aller Spannung, die dem Spiel innewohnt, auch entspannen kann.

Und der Star dieser Ära war einer von ihnen, Sohn dieser Stadt, einer wie du und ich, einer, der keine Allüren kannte. Er war eher ein Anti-Star. Er machte sich keine Gedanken darüber, was er den Zuschauern vermittelte, was er ihnen bedeutete, was er ihnen wert war, den Bürgern, und was er ihnen als Ausgleich für ihre Last gab. Er spielte auf. Einfach so, weil es für ihn selbst Spaß, Freude und darüber hinaus Selbstverständlichkeit war. Danke, ihr Freunde um Fritz.

Weil im Sport nur der Wechsel zwischen Sieg und Niederlage konstant ist, folgt jedem Hoch ein Tief. Fritz Walters Krise in seiner internationalen Laufbahn wird oft mit Paris 1952 umschrieben, der absolute Höhepunkt gern mit Bern 1954 apostrophiert.

Fanatische Fritz-Walter-Verehrer hatten oft wenig Verständnis für schwache Vorstellungen ihres Idols, insbesondere bei Länderspielen, weil man in der Provinz doch immer wieder beteuert hatte, das Spiel des Pfälzers sei genial. Aber bei der 1 : 3-Niederlage gegen Frankreich im Jahr 1952 patzte er im Pariser Prinzenpark wie ein Debütant. Doch Bern 1954 war mit dem Gewinn der Fußball-Weltmeisterschaft der strahlende Höhepunkt seiner Karriere und der gerechte Ausgleich für verlorene Zeit und verpaßte Länderspiele im Krieg. Bern brachte die Bestätigung des Ausnahme-Fußballers der damaligen Zeit, Fritz Walter.

Die goldenen fünfziger Jahre des deutschen Fußballs sind und bleiben mit seinem Namen, mit dem Begriff der Walter-Elf

Der Kaiserbrunnen zu Kaiserslautern, eine Bronzearbeit von Gernot Rumpf: Der Ball zählt zu den Symbolen.

und damit auch mit der Stadt Kaiserslautern untrennbar verbunden. Zweimal deutscher Fußballmeister mit dem 1. FC Kaiserslautern. Fußball-Weltmeister, haben sie damals in der Stadt gewitzelt, sei eigentlich auch der 1. FCK mit sechs Ersatzleuten geworden, weil der Club im Berner Finale mit fünf Spielern vertreten war: Fritz Walter – Ottmar Walter – Werner Liebrich – Werner Kohlmeyer und Horst Eckel.

Namen, die man nirgendwo vergessen hat. Bis heute.

Fritz Walter ist und bleibt ein Prädikatsbegriff für Fußball vergangener Tage. Für Millionen ist er der Kapitän jener Berner WM-Elf, die den Deutschen zu einem neuen Selbstwertgefühl nach einem verlorenen Krieg verholfen hat.

Der Fritz war und ist eine Persönlichkeit, um die es keine Skandale gab, ein Gentleman, der nichts hielt von Transfer-Summen und Treueprämien, der keinen Manager zum Vertragspoker brauchte, weil er Engagements im Ausland ablehnte. »Spielen für diesen Verein, immer für den 1. FC Kaiserslautern, für diese Stadt und für den deutschen Fußball dasein«, lautete seine Devise. Eine vergangene Zeit, aber keine vergessene.

Titel, deutsche und WM-Titel sind Tageserfolge, sind sicher Höhepunkte einer Ära. Doch in der Walter-Epoche steckt mehr, steckt bleibender Wert über die Tagesergebnisse hinaus. Fritz Walter hat in den fünfziger Jahren eine verpönte Sache populär gemacht. In der Fortführung hat sie Franz Beckenbauer in den sechziger und siebziger Jahren gesellschaftsfähig gemacht. Fußball, Faszination für die Nation.

Die Popularität des Fritz Walter ist ungebrochen. Sie erreichte zeitweise jene des Max Schmeling, den sie lange das letzte Idol der Deutschen nannten – bis das neueste und jüngste Idol der Deutschen, Boris Becker, die Blicke auf sich lenkte. Aber es ist faszinierend, daß bei Rundfragen nach den populärsten Sportlern neben Becker, Beckenbauer und Schmeling immer noch Seeler und Fritz Walter genannt werden. Becker, Beckenbauer sind Persönlichkeiten unserer Tage, Seeler haben die 40jährigen noch mit Bewußtsein gesehen und erlebt – in Vereins- und Länderspielen. Aber Fritz Walter? Er ist eine lebende Legende. Die den ganzen Weg des ersten DFB-Ehrenspielführers mitgegangen sind, mitbeobachtet haben, sind mittlerweile in der Minderheit. Aber auch die junge Generation spricht über Fritz Walter. Weil immer wieder über die fünfziger Jahre geschrieben und gesprochen wird und weil Fernsehen die Nostalgie nährt. Gründe für Popularität sind nicht auszuloten: Erfolg – Leistung – Haltung – Vorbild-Funktion werden genannt. Mit Schlagworten wie Aushängeschild des Sports ist da kein Staat zu machen. Und mit der Ratio allein nicht zu erklären.

Popularität mag in jedem einzelnen Fall andere Ursachen, andere Quellen, verschiedene Komponenten haben: Sie läßt sich mit Sicherheit nicht erzwingen, auch nicht von Medien machen oder steuern. Vielmehr wird sie mitbestimmt vom Gefühl und vom Gespür der Massen für die Persönlichkeit und ihre Ausstrahlung.

Fritz Walter selbst hat einmal – nach den Gründen seiner Popularität gefragt – in einem Interview wörtlich gesagt: »Sicher zählen nicht nur meine sportlichen Erfolge. Ich bin mit beiden Beinen auf dem Boden und ein normaler Mensch geblieben, habe keine Starallüren gekannt und Heldenverehrung verachtet.«

So war er, so ist er geblieben:
Unser Fritz Walter.

»Deutschland ist Weltmeister«

Unvergessen: Bern, 4. Juli 1954.
V. l. n. r.: Sepp Herberger, Fritz Walter, Helmut Rahn,
Jupp Posipal, Horst Eckel, Werner Liebrich, Ottmar Walter,
Hans Schäfer, Max Morlock
kniend: Karl Mai, Toni Turek, Werner Kohlmeyer.

Heinz Schumacher

»Was is? Hasche Mumm?«

»Was is? Hasche Mumm?«

So fragt Ottmar Walter Bruderherz Fritz beim Stande von 2 : 1 im Fußball-Halbfinale gegen Österreich, als der »große Fritz« den entscheidenden Elfmeterball schießen soll.

Fritz Walter, Kapitän der deutschen Mannschaft, sportlich ebenso hochveranlagt wie hypersensibel, ist bleich im Gesicht. Er weiß, alle Last ruht nun auf seinen Schultern.

Geht der Ball daneben, ist es nur seine Schuld. Fliegt der Ball ins Tor, steht Deutschland mit einem Bein im Endspiel der Weltmeisterschaft 1954; es wäre die Sensation dieses Fußball-Festivals!

»Was is? Hasche Mumm?« So hat es Fritz Walter später in der Erinnerung wiedergegeben. Doch bleiben wir auf dem Schauplatz:

Wie von unsichtbaren Handschellen gefesselt schreitet der Deutschen liebster und bescheidenster Fußball-Star – sozusagen ein neuer »Gröfaz« (Größter Fußballer aller Zeiten) – auf den Elfmeterpunkt zu: Mit aufreizender Umständlichkeit legt er sich den Ball zurecht. Kein anderer darf dies für ihn tun: »Hier kommt es auf Millimeter an!« pflegt Fritz Walter dienstbare Geister in solchen Augenblicken abzuwimmeln.

Die Sekunden rinnen dahin. Jetzt ist er fertig.

»Fritz, dei Eck«, murmelt Bruder Ottmar.

»Ja, mei Eck!«

Totenstille. 50 000 Menschen schweigen äußerst angestrengt, verschlingen mit den Blicken den einsamen Schützen in der Arena; nun mach doch endlich.

So sieht es der Fritz später: »Meine Ecke ist klar. Ich laufe an, nehme den Ball mit dem Innenrist... Zeman wirft sich in die falsche Ecke...«

In diesem Augenblick aber, wo Zehntausende von Menschen wie gebannt auf den Elfmeterpunkt starren, hat sich einer der deutschen Spieler abrupt abgewendet: Werner Liebrich. Skeptiker von Haus aus, dreht sich zum deutschen Nationaltorwart Turek um und murmelt gepreßt: »Toni, ich glaab, der geht nete noi!«

Werner Liebrich ist wohl der einzige Mensch im Stadion, der erst hinterher im Film zum ersten Mal sieht, was sich ereignet hat.

Zeman ist wie gesagt in die falsche Ecke gesprungen, und der Ball ist in der »richtigen« gelandet: 3:1 für Deutschland!

Was dann im Baseler Stadion folgt, ist eine Lehrschau der deutschen Nationalelf, die mit 6:1 ihren vielleicht strahlendsten Sieg der gesamten Fußballgeschichte feiert und damit das Finale gegen die hochfavorisierten Ungarn erreicht.

Nicht das 3:2 in diesem unvergessenen Berner Endspiel, sondern das 6:1 gegen Österreich ist für die Fußballfachleute das »größte« Spiel, das eine deutsche Nationalelf je geliefert hat. Heute kann man diese Feststellung getrost weiter gelten lassen; trotz des 3:4-Halbfinales bei der WM 1970 gegen Italien, trotz des 3:1-Sieges in London über England 1971 und trotz des EM-Erfolges über die Sowjetunion in Brüssel im Jahre 1972!

Basel 1954, das 6:1-Spiel gegen Österreich, das war »Traumfußball«, das war eine Idealmischung von »brasilianischer« Spielkunst und europäischer Tempohärte. Aber es erschien den Experten auch als der Triumph einer Mannschaft, die sich ideal ergänzte. Als »kongenial« bezeichnete die Weltpresse den Trainer, der aus einer Rolle in die andere schlüpfte: Psychologe, Stratege, Conférencier, autoritärer Führer und verständnisvoller Kumpel in einer Person – und zur Not auch der

Clown, der sich darauf verstand, das Herz zu erwärmen und trübe Gedanken wegzuzaubern.

Herberger behandelte jeden Spieler anders; er wußte genau, was jedem not tat. Schalten wir einmal zu einem exemplarischen Fall zurück:

Einen Balanceakt psychologischer Kunst leistet sich Herberger mit dem Torwart der deutschen Mannschaft, Toni Turek.

Hier geht der »Chef« bis an die Grenze des Möglichen.

»Toni«, redet er ihn bei der Kaffeetafel nach dem 7 : 2-Entscheidungsspiel gegen die Türken ganz harmlos an, »Toni, was ich da noch sagen wollte . . .«

Turek und die Mannschaft spitzen die Ohren. Was würde der Chef erzählen? Wer den gewieften Taktiker aus Hohensachsen kennt, ahnt Düsteres.

Alle schauen erwartungsvoll herüber.

Herberger mustert Turek mit jener Mischung von Freundlichkeit und verhaltenem Grimm, die Eingeweihte fürchten:

Die Angst des Schützen beim Elfmeter: Fritz Walter hatte »Mumm«. Einmal links, einmal rechts an Torwart Zeman vorbei.

»Sage Se, Toni, warum sind Se denn beim zweiten Tor der Türken net auf der Torlinie stehe gebliwwe und hawwe sich das Tor neischieße lasse, anstatt raus zu laufe?«

Toni Tureks gutmütiges, kreuzehrliches Gesicht ist eine geballte Ladung Verständnislosigkeit. So betrachtet der Mops den kalten Ofen. So fasziniert verschwendet die Kuh auf der Weide den metaphysischen Glanz in ihrem Auge, wenn sie den Kopf nach einem vorbeifahrenden D-Zug dreht.

»Vorsicht, Herr Herberger«, möchte man ihm zuflüstern. »Vorsicht, man soll nicht in einen Brunnen spucken, aus dem man einmal trinken will.«

Doch Herberger ist nicht mehr zurückzuhalten: Er weiß, wie er diesen oft so elegant-trägen Turek ein bißchen bis zur Weißglut provozieren muß, um ihn zur Höchstleistung anzustacheln.

Toni Turek wittert keinen Unrat: »Und warum sollte ich nicht herauskommen. Ich mußte doch dem Türken entgegenlaufen? Wie meinen Sie das?«

Herberger schmunzelt jetzt genußvoll im Wissen um die Schlußpointe und fährt geradezu väterlich-gütig fort: »Ganz einfach, Toni, wäre Se stehe gebliwwe, hätte Se Ihr Tor auch so neigekriegt; dann hätte aber kein Mensch gemerkt, daß Se Hufeise an de Füße hawwe.«

Hufeisen an den Füßen! Das trifft Turek bis in die seelischen Weichteile. Er geht, blaß geworden, nach draußen zum See, rudert hinaus, sich selbst und seinen Gedanken überlassen. Spät kehrt er zurück.

Aber als er Tage darauf in Genf ins Tor geht, um im Viertelfinale gegen die Jugoslawen zu kämpfen, die Deutschland den Weg in die Vorschlußrunde versperren wollen, da ist er ein anderer: spitzig, bissig, prall gefüllt mit Ehrgeiz und leidenschaftlichem Zorn, sich zu rehabilitieren.

Als nach wenigen Sekunden ein Scharfschuß im deutschen Tor einzuschlagen droht, fliegt Turek wie ein Akrobat in die bedrohte Ecke, meistert diesen sogenannten »unhaltbaren«

Ball mit dem Gesicht eines Zauberers: ein Aufschrei, fassungsloses Staunen im weiten Rund.

Turek streckt sich ein wenig: In seinem Gesicht zuckt es. Spätestens nun weiß jeder, daß er keine Hufeisen an den Füßen trägt.

Eine liebenswerte Gesellschaft ist es, die in Spiez zur echten Weltmeister-Elf heranreift.

Fast jeder der deutschen Spieler hat bei der WM in der Schweiz irgendeinen Ausdruck, mit dem er seine innere Erregung abreagiert. Sagt Fritz Laband, wenn er den Ball wegdrischt »Haben wir nicht auf Lager«, so vollendet Werner Liebrich lakonisch »Kriegen wir auch nicht wieder rein.«

Max Morlocks Kampfruf »Jetzt wird gewirbelt« gilt als Angriffssignal, aber Helmut Rahns Imitation einer Essener Marktfrau (oft schon morgens vor dem Wecken auf der Hotelveranda dargeboten) ist einsame Klasse: »Frische schnittreife Tomaten gefällig, beste Qualität, Leute kauft prima Oma-Lutschbirnen für zahnlose Großmütter, Leute, ich bin das Leben leid, heut' wird die Ware verschenkt...«

Unglaublich, welche Blüten die Phantasie dabei treibt. Rahns Einfallsreichtum ist unerschöpflich.

Aber das Beste, das Schönste, meinetwegen auch das Rührendste oder Sentimentalste dieser Weltmeisterschaft ist etwas anderes, etwas, was auch mit der eisgekühlten Ironie geborener Satiriker nicht verketzert werden kann:

Vor den Spielen dieser WM versammeln sich die deutschen Fußballtreter noch einmal in der Kabine im Kreis, reichen sich die Hände und versprechen, sich gegenseitig zu unterstützen und nicht anzumeckern, wenn einer einen Fehler macht.

Auch aus der Sicht von heute: Das war das beste Doping, das Sportlern verabreicht werden kann: Das Bewußtsein »Es fällt niemand über mich her, wenn ich Mist baue.«

1954 – war das noch die Steinzeit des Fußballsports? Fritz Walter hatte dieses kleine Ritual eingeführt, und keiner wollte es missen. Welch ein Unterschied zur Sportwelt von heute – oder gibt es das heute etwa auch, wo längst andere Markierungen im Fußballsport gesetzt sind?

Ein Bild ging um die Welt: Die deutschen Spieler bei der Siegerehrung im Berner Wankdorf-Stadion.

Sie fassen sich wie kleine Jungen an den Händen und stehen da als das Bild des neuen Deutschlands: Gar nicht wie die »ewigen Sieger« (die ohnedies nur die stetigen Verlierer waren), nicht wie Helden, Giganten, Weltenbezwinger im Sturmgebraus und bei Wagnerschem Trommelwirbel, sondern wie die Buben von nebenan: schüchtern, wohlerzogen, Mamas Lieblinge.

Selbstvergessen inmitten grenzenlosen Jubels und immer noch im Wahn, er träume, geht Fritz Walter im strömenden Regen zum Rednerpodium und nimmt den Weltpokal in Empfang. Aus dem Jubel werden Ovationen, aus den Ovationen Huldigungen: ein Exzeß überschäumenden Glücks.

Mit dem Weltpokal in der Hand stapft Fritz Walter zu seinem Platz, an seiner Mannschaft vorbei. Weltbewegendes geht ihm dabei von den Lippen: »Alles klar?« fragt er.

»Alles klar, Fritz«, antwortet die Mannschaft.

Der »Sportgeschichte« gewordene erste Dialog zwischen Kapitän und seiner Truppe nach dem WM-Gewinn. Kernig, kurz, alles, aber auch alles einschließend.

Doch einer aus der Mannschaft reißt seine Nebenleute mit einem humorigen Aufschrei aus allen Meditationen:

»Leute, kauft goldgelbe Bananen, billig, beste Qualität.«

So also wurden wir Weltmeister.

Richard Kirn

Der Regen von Bern

Es regnet in Bern, Schirme glänzen naß in die grauen Fernsehscheiben hinein, als das Finale beginnt. Der Rasen ist glatt. Im übrigen beginnt es wie immer, es ist schon fast langweilig: Nach einer Viertelstunde führen die Ungarn 2 : 0. Es ist wie Zauberei. Der große Künstler Puskas (im ersten Spiel gegen Deutschland verletzt und gegen Brasilien und Uruguay gar nicht dabei) wirkt zwar etwas gehemmt, aber schließlich sind ja auch noch einige andere Leute im Sturm. Doch dann geschieht das Unwahrscheinliche, schlechthin Phantastische: die Deutschen lassen sich durch die zwei Tore nicht aus der Ruhe bringen, sie spielen unter der genialen Führung von Fritz Walter aus Kaiserslautern weiter, als sei gar nichts geschehen, aus 2 : 0 wird 2 : 2 und knapp vor dem Ende durch einen Schrägschuß Rahns das 3 : 2.

Diesmal ist für Ungarn die Welt untergegangen.

Vier Jahre und fast fünfzig Spiele unbesiegt, im entscheidenden aber geschlagen: Man muß gute Nerven haben, um das zu ertragen.

Man muß aber auch gute Nerven haben, um einen solchen Sieg zu vertragen. Die deutsche Mannschaft wird von einem Jubel ohnegleichen umbrandet, als sie nach Deutschland zurückfährt. An den Stationen rauft man sich darum, die Spieler sehen zu dürfen. Geschenke werden durch die Abteilfenster gereicht, in München müssen sich die schweren Autos durch eine wogende Menschenmenge hindurchquälen, beim Bankett rutscht der Präsident des DFB, Dr. Bauwens, rednerisch aus und beschwört Fridericus und Bismarck – im Trubel geht alles unter.

Die Spieler sind nicht einmal zu beneiden. Daß sie sich den Titel ehrlich erkämpft haben, daran könnte nur ein Bösartiger zweifeln. Die Frage ist nur: Wie wird es weitergehen? Solche Würde bringt Bürde.

Die Ungarn bleiben die Fußball-Könige der Welt; trotzdem tragen die Deutschen ihren Titel, der nur alle vier Jahre erkämpft werden kann, zu Recht. Die beiden Feststellungen widersprechen sich scheinbar. Aber in der Welt stehen ja viele Dinge so schroff nebeneinander. Begnügen wir uns damit! Schließlich ist Fußball nur ein Spiel.

Der deutsche Fußball der Nachkriegszeit ist ohne das schlechthin geniale Spiel des Pfälzer Halbstürmers Fritz Walter nicht denkbar. Fritz Walter ist jetzt 34. Nach der Weltmeisterschaft wollte er sich, verärgert durch dies und jenes, zurückziehen. Das ist, zum Glück, dann doch nicht geschehen. Der Mann ist einfallsreicher denn je.

Herbert Zimmermann

»Noch sechs Minuten im Wankdorf-Stadion zu Bern...«
Eine unvergessene deutsche Radio-Reportage für die ARD

Sechs Minuten im Wankdorf-Stadion in Bern. Keiner wankt. Der Regen prasselt unaufhörlich hernieder. Es ist schwer, aber die Zuschauer, sie harren nicht [!] aus, wie könnten sie auch – eine Fußballweltmeisterschaft ist alle vier Jahre, und wann sieht man ein solches Endspiel, so ausgeglichen, so packend.

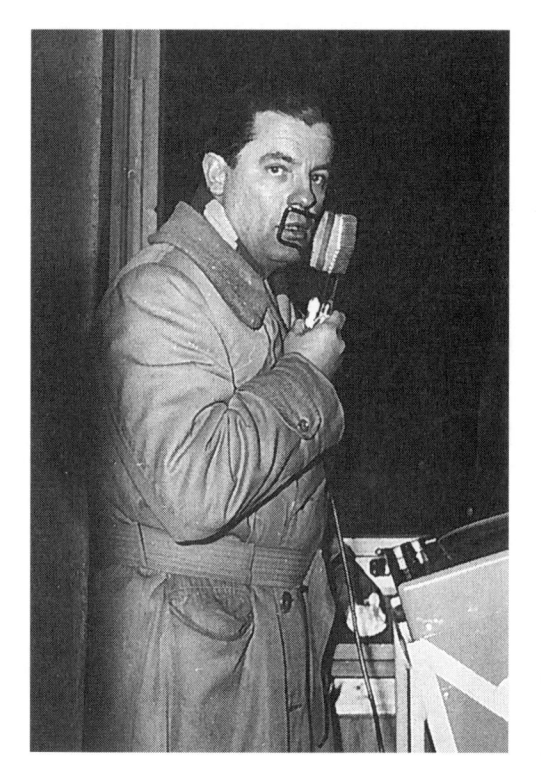

Herbert Zimmermann, der Millionen Radiohörer in der Bundesrepublik Deutschland mitfiebern ließ: Information mit Emotion.

Jetzt Deutschland am linken Flügel, durch Schäfer, Schäfers Zuspiel zu Morlock wird von den Ungarn abgewehrt. Und Boszik, immer wieder Boszik, der rechte Läufer der Ungarn, am Ball. Er hat den Ball – verloren diesmal, gegen Schäfer, Schäfer nach innen geflankt, Kopfball – abgewehrt, aus dem Hintergrund müßte Rahn schießen, Rahn schießt – Toooor! Toor! Toor! Toor! Tor für Deutschland. Linksschuß von Rahn. Schäfer hat die Flanke nach innen geschlagen, Schäfer hat sich gegen Boszik durchgesetzt. 3 : 2 führt Deutschland fünf Minuten vor dem Spielende. Halten Sie mich für verrückt, halten Sie mich für übergeschnappt, ich glaube, auch Fußball-Laien sollten ein Herz haben, sollten sich an der Begeisterung unserer Mannschaft und an unserer eigenen Begeisterung mitfreuen und sollten jetzt Daumen halten. Viereinhalb Minuten Daumen halten in Wankdorf. 3 : 2 für Deutschland nach dem Linksschuß von Rahn, der flach im linken Eck einschlug. Und Schuß von Ottmar Walter auf das Tor der Ungarn, aber Grosits rettet.

3 : 2 für Ungarn, aber jetzt – für Deutschland, ich bin auch schon verrückt, Entschuldigung, 3 : 2 für Deutschland, und die Ungarn, wie von der Tarantel gestochen lauern die Pußtasöhne, drehen jetzt den siebten oder zwölften Gang auf, und Kocsis flankt, Puskas – abseits – Schuß, aber nein, kein Tor, kein Tor, kein Tor, Puskas abseits. Eindeutige Abseitsstellung von Major Puskas. Großartig seine Aktion, großartig auch die Vorarbeit von Kosicz, der mit Kopfball zu seinem Klubkameraden verlängerte, dann schoß Puskas flach, aber er stand eindeutig abseits, und Griffith aus Wales, der Linienrichter auf unserer Seite, hatte die Fahne hoch, und Ling hat prompt reagiert.

3 : 2, aber das hätte natürlich ins Auge gehen können. Zu spielen noch vier Minuten im Wankdorf-Stadion in Bern im Endspiel der Fußballweltmeisterschaft, und die deutsche Mannschaft hat etwas nervös, verständlich natürlich in diesem Augenblick, eine Situation vergeben, und dadurch rutscht der Ball ins Aus. Einwurf für Ungarn in der Höhe der Mittellinie.

2 : 0 führten die Ungarn nach acht Minuten, jetzt steht es 3 : 2 für Deutschland. Acht Abwehrspieler im weißen Jersey, also im Nationaldress unserer deutschen Elf, verteidigen den eigenen Strafraum und schlagen den Ball weg, und Schäfer zeigt beruhigend mit den Händen zu seinen Kameraden, als wollte er sagen »Jetzt Nerven behalten«. Der einzige Stürmer, der jetzt vorne ist, ist Fritz Walter. Die Ungarn aus der eigenen Hälfte heraus, schlagen den Ball nach vorne, und Hidegkuti – aber Turek am Boden, hat gehalten. Hidegkuti hatte den Ball mit dem ausgestreckten Bein verlängert, und im Eck, da lag Turek. Vielleicht wäre der Ball vorbeigegangen, aber besser ist besser. Und er hat den Ball genommen, hat ihn abgeschlagen.

Drei Minuten im Wankdorf-Stadion oder zweieinhalb zu spielen. Und Rahn marschiert los, Rahn an Czibor vorbei, an Lantos vorbei, Lantos kommt noch einmal, Rahn bleibt in Ballbesitz, spielt zurück zu Fritz Walter. Fritz Walter, der Kapitän, in der halbrechten Verbindung, dreißig Meter vom Ungarntor entfernt. Morlock schießt den Ball hoch auf das Tor, aber zwei Meter über die Querlatte. Abschlag vom Tor der Ungarn. Daumendrücken, Daumendrücken. 3 : 2 für Deutschland im Spiel gegen Ungarn, das seit viereinhalb Jahren kein Länderspiel mehr verloren hat. Und Deutschland stürmt, die Zuschauer gehen mit, sie feuern unsere Elf an, auch die Schweizer. Ottmar Walter schießt – am Tor vorbei. Aus dreißig Metern hat er abgefeuert. Der Sekundenzeiger wandert so langsam. Wie gebannt starre ich hinüber – geh doch schneller, geh doch schneller! Aber er tut es nicht. Er geht mit der Präzision, die ihm vorgeschrieben ist, wandert er voran. Und jetzt noch anderthalb oder zwei Minuten. Deutschland führt 3 : 2. Aber Deutschland greift an. Auf dem rechten Flügel steht Morlock. Wunderbar, daß die Mannschaft nicht nur defensiv spielt, sondern daß sie jetzt auch sogar noch stürmt. Schäfer, der Linksaußen, am rechten Flügel, im Strafraum, hat den Ball, könnte zu Fritz Walter spielen – aber Fritz Walter hat um Zentimeter den Ball verfehlt.

Und die Ungarn spielen sich frei. In der vorletzten Spielminute stürmt Ungarn durch Hidegkuti, aber Morlock bremst ihn auf der Mittellinie, Eckel aus Kaiserslautern am Ball, spielt quer hinüber zu Rahn, Rahn mit einer souveränen Ruhe abgespielt zu Schäfer, Schäfer sagt »Laß dir Zeit«. Jetzt spielen die Deutschen auf Zeit. Trotzdem kombinieren sie noch schön. Fritz Walter zu Schäfer, Schäfer in Rechtsaußenposition, könnte nach innen flanken, schießt, aber er schießt an das kurze Außennetz. Es gibt Abschlag vom Tor der Ungarn.

Vielleicht läßt der Schiedsrichter auch nachspielen, wegen der einen oder zwei Verletzungen, die passiert sind. Die Ungarn sind völlig aus dem Häuschen, Deutschland ist wieder im Ballbesitz, Rahn hat den Ball bekommen; Rahn spielt zu Fritz Walter, Ball verfehlt, Puskas am Ball, im Mittelkreis, aber Eckel springt dazwischen, hat abgewehrt. Die ganze deutsche Mannschaft setzt sich ein mit letzter Kraft, mit letzter Konzentration. Ottmar Walter fällt hin, Boszik an zwei Deutschen vorbei, jetzt haben die Ungarn eine Chance, spielen ab zum rechten Flügel, Czibor – jetzt ein Schuß – gehalten von Toni! Gehalten! Und Puskas, der Major, der großartige Fußballspieler aus Budapest, er hämmert die Fäuste auf den Boden, als wollte er sagen »ist denn das möglich, dieser Sieben-Meter-Schuß« – es ist wahr, unser Toni hat ihn gemeistert.

Und die 45. Minute ist vollendet. Es kann nur noch ein Nachspielen von einer Minute sein. Deutschland führt 3 : 2 im Endspiel der Fußballweltmeisterschaft. Aber es droht Gefahr, die Ungarn auf dem rechten Flügel. Jetzt hat Fritz Walter den Ball über die Außenlinie ins Aus geschlagen. Wer will ihm das verdenken. Die Ungarn erhalten einen Einwurf zugesprochen, der ist ausgeführt, kommt zu Boszik – Aus! Aus! Aus! Auus! Das Spiel ist aus! Deutschland ist Weltmeister, schlägt Ungarn mit 3 : 2 Toren im Finale in Bern.

Wolfgang Hempel

»Noch acht Minuten. Unaufhaltsam läuft der große Zeiger...«
Eine fast vergessene deutsche Radio-Reportage für Radio DDR

Die Ungarn hatten schon wieder einige todsichere Chancen, aber die deutsche Abwehr steht sehr, sehr stark hinten. Toth Eins versucht durchzubrechen gegen Kohlmeyer; Kohlmeyer ist der Härtere, hat einige Pfund mehr hier in den Kampf zu werfen, und spielt den Ball zurück zu Turek. Turek schlägt ab. Weiter Abschlag. Schäfer übernimmt den Ball, dribbelt, dribbelt – hat Lorant ausgetrickst, dribbelt noch einmal, ist jetzt am Strafraum, schießt – und da prescht Zakarias dazwischen, und von seinem Fuß springt der Ball zur Ecke. Eckball für die westdeutsche Mannschaft, von der linken Seite.

Ich habe jetzt das Gefühl: Diese Mannschaft, die jetzt das dritte Tor schießt, die gewinnt, die ist Weltmeister. Und wenn es die westdeutsche Mannschaft werden sollte, dann wäre das eine Überraschung, aber ohne Zweifel eine sehr, sehr starke beachtenswerte Leistung der Herberger-Schützlinge. Sie kämpfen bis zum Umfallen. Die Ecke kommt herein, weiter geköpft, und Zakarias köpft heraus, aber Eckel ist noch einmal da, und Eckel verliert den Ball an Hidegkuti. Hidegkuti schiebt zu Puskas, Puskas treibt nur nach vorn. Hackentrick, wieder zu Hidegkuti. Hidegkuti mit langen Schritten und dem Ball in die deutsche Hälfte hineingetrieben, wird von Liebrich angegriffen, spielt den Ball rechts heraus, Liebrich ist jetzt ausgespielt, eilt aber sofort zurück. Da kommt die Flanke auf den Kopf von Kocsis, Kocsis läßt den Ball durch zu Puskas, Puskas steht in halblinker Position, flankt – abgeköpft wieder von Liebrich.

Immer wieder Liebrich. Also bei Liebrich können sich wirklich alle westdeutschen Spieler und die Zuschauer bedanken, daß es immer noch 2 : 2 steht. Der Blondschopf aus Kaiserslautern liefert eine ganz, ganz große Partie.

Fritz Walter drüben von der linken Seite im Angriff, sein Flankenball wird von Zakarias abgeschlagen, und sofort drängt Toth Eins im Gegenzug nach, spielt den Ball in die Mitte herein, Boszik kommt nicht an das Leder heran, Eckel hat abgeschlagen. Eckel zu Ottmar Walter, Ottmar Walter zurück

Der andere deutsche Reporter: Wolfgang Hempel bei der Direktübertragung für Radio DDR: ein Balanceakt um Neutralität.

zu Eckel. Der lange Kaiserslauterer spielt jetzt quer ab, nach rechts heraus zu Rahn. Rahn weiter verlängert zu Morlock. Morlock dribbelt rückwärts, vom ungarischen Strafraum wieder weg, flankt mit dem linken Fuß, da steht Schäfer, stoppt den Ball – und wird von Lorant sicher abgestoppt. Foult, Schäfer hat gegen Lorant gefoult. Freistoß aus dem ungarischen Strafraum heraus.

Noch acht Minuten. Unaufhaltsam läuft der große Zeiger der elektrischen Uhr hier im Berner Wankdorfstadion, die

Spieler werden auch ab und zu mal hinschauen. Und da bricht wieder Puskas durch – nein, Eckel fährt noch dazwischen, schiebt den Ball zurück zu Torwart Turek. Der hat sofort abgestoßen. Aber Boszik wehr ab. Boszik zu Kocsis gespielt, Kocsis dribbelt rückwärts – wird von Ottmar Walter glatt zu Boden gerempelt, aber Ottmar Walter ist sofort bei Kocsis, entschuldigt sich – und Freistoß für die ungarische Mannschaft in der deutschen Hälfte. Lantos kommt nach vorn. Schlägt den Ball an die deutsche Strafraumgrenze, Kocsis springt hoch, köpft – aber bei ihm ist auch Liebrich. Der Ball fliegt Richtung deutsches Tor und wird von Turek sicher aufgenommen, mit der Hand abgeworfen zu Mai.

Mai spielt in die Mitte herein zu Ottmar Walter. Ottmar Walter läuft über den Ball, dadurch kommt Schäfer an das Leder. Schäfer zu Morlock. Morlock noch einmal zu Schäfer, der nimmt mit der Hacke mit – aber diese Vorlage mit der Hacke über den eigenen Kopf, die ging doch zu weit nach vorn und landete in den Armen von Grosits, der bis an die Strafraumgrenze herausgelaufen war.

Beide Mannschaften sind am Ende mit ihren Kräften, man merkt es. Man spürt es in allen Situationen: Beim Ballstoppen lassen sie die Bälle wegspringen. Sie haben groß gekämpft, sie haben ihr Bestes gegeben, und es steht immer noch 2 : 2, und dieses Resultat zerrt an den Nerven. Boszik spurtet nach dem Ball, aber auch er hat nicht mehr die Kraft, die wir von ihm kennen. Er dribbelt jetzt am linken Flügel, wird von Schäfer gefoult, aber Ling läßt weiterspielen. Schäfer flankt, Schäfer flankt – da ist Rahn da, Rahn schießt, nein, dribbelt, schießt – Tor! Tor! Die Sensation scheint perfekt zu sein. Rahn bekam den Flankenball an der Strafraumgrenze, dribbelte noch kurz und schoß dann mit dem linken Fuß unhaltbar für Grosits ein.

Jetzt schon wieder Flankenball vors deutsche Tor – Grosits ist draußen, hat das Leder übernommen. Aber der Fehler kam von Boszik, der drüben an der rechten Seitenlinie ohne Grund gegen Schäfer dribbelte, den Ball verlor, meiner Ansicht nach nicht ganz sauber von Schäfer bedrängt, aber Ling ließ weiterspielen. Und da war gegen diese Schiedsrichterentscheidung nichts zu machen. So führt jetzt die westdeutsche Auswahl sechs Minuten vor dem Abpfiff 3 : 2. Achtung, schon wieder Puskas, da – Tor! Tor! Nein – kein Tor, Puskas stand abseits. Puskas stand abseits auf Linksaußenposition. Puskas stand abseits, er hatte aus fünf Meter Entfernung den Ball ins deutsche Tor geknallt, aber aus Abseitsposition, und Ling hatte auch sofort gepfiffen. Es bleibt also beim 3 : 2.

Lantos wirft. Einwurf für die Ungarn. Aber Posipal ist am Ball, schlägt ihn aber wieder ins Aus. Noch fünf Minuten. Noch fünf Minuten im Berner Wankdorf-Stadion. Wieder Einwurf für die Ungarn. Von Lantos zurückgeworfen zu Lorant. Lorant spielt wieder heraus an die linke Seite zu Lantos. Lantos schlägt jetzt mit dem rechten Fuß. Kocsis verlängert mit dem Kopf, aber da ist Eckel dazwischen. Abgeköpft zu Schäfer. Schäfer jetzt weit nach vorn geschlagen, es ist verständlich: Die deutsche Mannschaft jetzt alles zurückgenommen in der eigenen Hälfte, jetzt soll dieser Eintorevorsprung verteidigt werden. Er muß noch viereinhalb Minuten verteidigt werden. Die Ungarn kombinieren aus der eigenen Hälfte, lange Vorlage – da ist Hidegkuti frei – und verpaßt den Ball. Verpaßt den Ball am Elfmeterpunkt. Turek hat sich schon auf das Leder geworfen und schlägt nun ab.

Ungarn wirft alles nach vorn. Es ist jetzt egal, ob man 3 : 2 verliert oder 4 : 2, aber man will noch ein 3 : 3 machen. Zakarias dribbelt, verliert den Ball an Rahn, Rahn dribbelt wieder durch, an Lantos vorbei. Rahn auf den rechten Flügel, geht ab mit der Post. Ist immer noch im Ballbesitz, gibt jetzt zurück. Da hat sich Fritz Walter in halbrechter Position freigelaufen. Fritz Walter dribbelt nach innen, schiebt zu Morlock, Morlock schießt – und fünf Meter über das ungarische Tor ins Aus.

Buzansky hat abgestoßen, von Morlock zurückgeköpft, wieder auf den linken Flügel zu Schäfer. Schäfer spielt herein zu

Ottmar Walter, Ottmar Walter schießt aus 25 Metern Entfernung drei, vier Meter am ungarischen Tor vorbei ins Aus. Schau auf die Uhr: noch zweieinhalb Minuten im Berner Wankdorfstadion. Lantos wuchtet den Ball nach vorn, aber nur bis zu Morlock. Morlock stoppt den Ball. Morlock nimmt sich Zeit, spielt herein zu Schäfer, Schäfer steht, spielt wieder raus zu Morlock.

Die Deutschen versuchen jetzt, möglichst lange den Ball in den eigenen Reihen zu halten. Morlock zu Rahn, Rahn zu Schäfer, der hat sich auf Rechtsaußen freigelaufen. Schäfer jetzt im ungarischen Strafraum, dribbelt, ist immer noch im Ball ... besitz, spielt ab zu Fritz Walter – und Fritz Walter verliert den Ball.

Fritz Walter verliert den Ball, nach vorn gegeben zu Toth Eins. Toth Eins in die Mitte reingespielt zu Hidegkuti. Jetzt läuft der ungarische Angriff, abgewehrt – abgewehrt von Morlock, der Hidegkuti in die Parade fährt, zu Eckel gespielt, als – Eckel heraus zu Rahn. Rahn weiter verlängert zu ... Schäfer. Schäfer steht auf dem rechten Flügel. Schäfer ... macht das Zeichen: Zeit nehmen, viel Zeit nehmen, den Schlußpfiff erreichen, den Ball in den eigenen Reihen halten. Schäfer ist noch einmal auf Rechtsaußen durchgebrochen, schießt mit dem linken Fuß ans Außennetz.

(Lautsprecherdurchsage: »Ich bitte das Publikum dringend, auf den Plätzen zu bleiben ...«)

Die Sensation scheint perfekt zu sein, die Sensation scheint perfekt zu sein. Westdeutschland ist immer noch im Ballbesitz, und noch anderthalb Minuten zu spielen. Rahn steht mit dem Ball an der rechten Seitenlinie, wird nicht angegriffen, die Deutschen spielen nur noch auf Zeit, den Ball möglichst lange in den eigenen Reihen halten. Aber jetzt übernimmt Puskas noch einmal das Leder. Puskas – und verliert es wieder an Eckel, aber Buzansky schaltet sich mit ein.

Buzansky jetzt quer abgespielt zu Boszik, Boszik noch einmal gedribbelt im Mittelfeld, immer noch gedribbelt, immer noch gedribbelt, jetzt abgespielt zu Czibor, Czibor drängt an den deutschen Strafraum. Herausgespielt zu Toth, Toth noch einmal herein zu Czibor, da ist Czibor frei – Schuß – gehalten! Gehalten von Turek! Die letzte Chance – die letzte Chance für Ungarn dahin, von Turek groß gehalten, der Schuß von Czibor, der sich herrlich durchgedribbelt hatte in halbrechter Position, aber seinen Schuß boxte Turek im Hechtflug heraus.

Einwurf für Ungarn, aber Kohlmeyer ist drüben, da – schießt Toth Eins an, Fritz Walter ist mit im eigenen Strafraum, schlägt den Ball ins Aus. Noch einmal Einwurf für die Ungarn. Gleich ist es soweit. Der Einwurf kommt, zurück noch einmal zu Buzansky, Buzansky flankt – da ist Schlußpfiff, Schlußpfiff im Berner Wankdorf...!

Das Unvorstellbare ist passiert. Die westdeutsche Nationalmannschaft wird Fußballweltmeister 1954 im Endspiel gegen Ungarn mit einem 3:2-Sieg durch ein Tor von Rahn acht Minuten vor dem Abpfiff. Die ganze Fußballwelt steht auf dem Kopf. Die westdeutschen Spieler liegen sich natürlich in den Armen, die Ungarn sind großartige Verlierer: Sie gratulieren den westdeutschen Spielern, die sich vor Freude einfach nicht mehr zu halten wissen. Nun, das ist natürlich nur zu verständlich.

Stefan Brauburger

Das Wunder von Bern

Für die im Aufbau befindliche Bundesrepublik war der WM-Titel viel mehr als ein sportlicher Erfolg. Es ging um internationale Anerkennung; darauf waren die Westdeutschen damals angewiesen. Sie hatten ja lange genug im Abseits gestanden, waren geächtet, weil sie Hitler und seine Verbrechen zugelassen hatten. Kein Wunder, daß da manchem Zeitgenossen der Gewinn des Worldcup wie ein Durchbruch erschien. Neuerwachtes Selbstbewußtsein gipfelte in dem Spruch: »Wir sind wieder wer.«

Am Anfang der Weltmeisterschaft hätte wohl kaum jemand auch nur einen Pfifferling auf die deutsche Mannschaft gewettet, so gering schienen die Chancen gegen die großen Favoriten. Deshalb mutete der Sieg für viele Zeitgenossen wie ein Märchen an. Für manche war es noch mehr, nämlich ein Wunder – das »Wunder von Bern«.

Der Jubel galt denen, die dieses Mirakel vollbracht haben. Da war zunächst der Bundestrainer, Sepp Herberger, auch »Bundes-Sepp« genannt. Er war der unbestrittene Vater des Erfolges. Und dann die Nationalelf, die »elf Helden von Bern«, die die Ungarn das Fürchten lehrten – unter ihnen besonders ihr legendärer Spielführer Fritz Walter, auf dem besten Wege, neben Max Schmeling der beliebteste deutsche Sportler aller Zeiten zu werden. Sein Foto nach dem Spiel drückt wie kein anderes aus, was dieser Sieg für Deutschlands Fußballfans und -spieler damals bedeutete: ein glücklicher Fritz Walter auf den Schultern seiner Mannschaftskameraden.

Dabei waren die Erfolgsaussichten der deutschen Elf bei dieser WM ursprünglich eher gering gewesen. Die Mannschaft aus Ungarn galt als »unbesiegbar«; England, Brasilien, Uruguay und Österreich zählten noch zum Kreis der Favoriten – die Deutschen jedenfalls nicht. Aber das störte Sepp Herberger nicht. In aller Stille ging er daran, eine Mannschaft zu formen, die es spielerisch und kämpferisch in sich haben sollte. Fritz Walter galt als sein »verlängerter Arm auf dem Spielfeld« – obwohl er am liebsten schon 1952 das Handtuch geworfen hätte. Warum?

»Wir hatten 1952 ein wichtiges Spiel in Paris und verloren 1 : 3. Ich hab so schlecht gespielt, schlechter konnte man gar nicht mehr spielen. Und eine Zeitung schrieb sogar: ›Auf Halblinks stand der Wäschereibesitzer Fritz Walter‹ – meine Frau und ich hatten uns gerade 'ne Wäscherei angeschafft. Da hab ich gesagt, Herr Herberger, es hat keinen Wert mehr, lassen Sie mich weg. Und da hat er gesagt: ›Fritz, reden Sie kein dummes Zeug, bleiben Sie.‹ Und ich blieb.«

Kein Wunder, daß der »alte Fritz« so gerne über seinen »Chef« spricht. Herberger war so etwas wie ein Vaterersatz für seinen Friedrich. Er war Stratege, Pädagoge und Seelentröster in einem. In Fritz Walter hatte er einen hochsensiblen, aber auch gelehrigen Schüler.

Nicht umsonst galt Sepp Herberger als »Fußball-Weiser von der Bergstraße«. »Ein Spiel dauert 90 Minuten«, lautete sein bis heute immer wieder (mit Augenzwinkern) zitierter Leitsatz Nr. 1. Leitsatz Nr. 2: »Das nächste Spiel ist immer das schwerste.« Leitsatz Nr. 3: »Nach dem Spiel ist vor dem Spiel.« Wer lacht da? Wahrheiten sind immer einfach.

Nicht ohne Grund verglich der Kabarettist Dieter Hildebrandt Sepp Herbergers Eigenschaften mit denen Konrad Adenauers: »Auch Herberger kam mit einem ganz geringen Wortschatz aus. Er hat sich sehr volkstümlich gegeben und aus dem Nichts wieder eine Mannschaft geformt, die plötzlich wunderbar spielte.« So gab es damals für die Deutschen also zwei wichtige Vaterfiguren: den Bundeskanzler und den Bundestrainer.

Schon in der ersten Runde trafen die Deutschen auf den haushohen Favoriten Ungarn – eine perfekt funktionierende »Maschinerie«, in mehr als 30 Spielen ungeschlagen, das »Wunderteam« Europas – bis zum Finale. Im November 1953 noch hatten die Magyaren England als erste kontinentale Mannschaft auf der Insel bezwungen und damit Fußballgeschichte geschrieben...

60 000 Schlachtenbummler kamen ins Basler St.-Jakobs-Stadion, davon gut die Hälfte aus der Bundesrepublik. Zu Beginn gab es freilich Pfiffe wegen Herbergers Mannschaftsaufstellung. Denn auf dem Spielfeld fehlten der Stamm-Torhüter Toni Turek sowie die Stürmer Max Morlock, Ottmar Walter und Hans Schäfer. Es kam, was viele befürchtet hatten: Das Spiel geriet zu einem Fiasko. Die Magyaren entfachten einen wahren Puszta-Sturm, eine ungarische Rhapsodie mit einem bunten Reigen von Toren: 8:3 für Ungarn lautete das Endergebnis. Doch hinter der Katastrophe steckte Taktik. Der

10. Minute, der Anschlußtreffer 1:2, Max Morlock.

»Chef« wollte für diese Begegnung, die er ohnehin verloren glaubte, seine Spitzenspieler schonen. Ein Sieg im nächsten Spiel – gegen die Türkei – reichte aus, um erst einmal eine Runde weiter zu kommen.

Die Presse sah das anders und forderte Herbergers Kopf. »In die Wüste schicken«, empfahlen zahlreiche Blätter. Wie sollten die kleingläubigen Journalisten auch ahnen, daß echte »Wunder« wie das von Bern zunächst einmal Erniedrigungen, ja Opfer brauchten? Der Chef ließ sich nicht beirren, und seine Rechnung ging auf. Nach Siegen gegen die Türkei und Jugoslawien erreichte das deutsche Team das Halbfinale. Die Fußballwelt begann den Außenseiter ernst zu nehmen. Man spürte mehr und mehr, daß hier eine eingeschworene Mannschaft Fußball spielte.

Das kam nicht von ungefähr. Das Gespann Herberger – Walter sorgte für eine Atmosphäre, der hernach ein geflügelter Name gegeben wurde: der »Geist von Spiez«. Dort, in Spiez am

18. Minute, der Ausgleich 2:2, Helmut Rahn.

Thuner See, hatte Herbergers Mannschaft ein ideales Quartier gefunden. Von hier aus konnte die WM-Elf binnen kurzer Zeit zu allen Spielorten gelangen. Doch was war der »Geist von Spiez«? Fritz Walter erinnert sich: »Diesen Geist von Spiez haben wir eigentlich aus Kaiserslautern mitgebracht und auf die Nationalmannschaft übertragen. Wir bildeten vor dem Spiel einen Kreis mit allen Spielern und Betreuern, schauten uns in die Augen und riefen uns zu: ›Männer, einer für alle, alle für einen.‹ Für unseren Erfolg damals war das entscheidend, weil wirklich das Wort gestimmt hat: Elf Freunde müßt ihr sein. Das stärkte unser Gemeinschaftsgefühl.«

»Elf Freunde müßt ihr sein« und »Einer für alle«: Die Parolen von damals klingen heute wie Botschaften aus einer alten Sage. Im modernen Fußballgeschäft würden solche Beschwörungsformeln wohl eher antiquiert anmuten. Doch damals war der »Geist von Spiez« der »zwölfte Mann« im deutschen Team.

Das erste, »kleine« Wunder ereignete sich bereits im Halb-

84. Minute, die Entscheidung 3 : 2, Helmut Rahn.

finale Deutschland gegen Österreich. Herbergers Truppe überrannte Austrias Mannen nach allen Regeln der Kunst. 6:1 lautete das Endergebnis. Selbst der skeptische Sepp Herberger war an diesem Tag hochzufrieden. Kaum je zuvor hatte eine deutsche Fußball-Nationalelf besser gekickt, und auch die internationale Presse gestand prompt ein: Die Deutschen können nicht nur rennen und kämpfen, sie können sogar ein bißchen Fußball spielen.

Zwischen den Alpen und Flensburg gab es nun kein anderes Thema mehr. Die ganze Nation schien nur noch aus Fußball-Fans zu bestehen – wenigstens vorübergehend.

Und dann kam der Endspieltag, der 4. Juli 1954. Fast 30 000 deutsche Schlachtenbummler pilgerten in das Wankdorf-Stadion in Bern. Deutschlands Straßen waren wie leergefegt. Millionen schalteten die Radios ein – und zum erstenmal auch ein paar Fernsehgeräte. Kneipeninhaber, die über ein Gerät verfügten, machten an diesem Sonntag das Geschäft des Jahres.

Überglücklich: Morlock, O. Walter, Kohlmeyer, Schäfer.

Der Himmel hielt – so schien es – zu den Deutschen, denn es nieselte, und der Rasen war feucht. Das war das sogenannte »Fritz-Walter-Wetter«: »Ich hab halt lieber bei Regen gespielt. Ich war Soldat auf Sardinien, Korsika und Elba, und dort bekamen wir alle Malaria. Deshalb mochte ich keine Hitze. Wenn es regnete, fühlte ich mich wohl. Außerdem konnte ich – als guter Techniker – auf nassem Rasen besser spielen.«

Was zu beweisen war. Bei den Ungarn mischte Spitzenstürmer Ferenc Puskas wieder mit, der »Fußball-Major« der Magyaren, der sich zu Beginn der WM verletzt hatte. Herberger ließ die siegreiche Elf aus dem Halbfinale wieder aufmarschieren, also Turek, Posipal, Kohlmeyer, Eckel, Liebrich, Mai, Rahn, Morlock, Ottmar Walter, Fritz Walter und Schäfer. Kurz vor 15 Uhr liefen die beiden Mannschaften ein, angeführt vom englischen Schiedsrichter Ling.

»Nach dem 2:2-Pausenstand hatten wir das erste Mal das Gefühl, daß die Ungarn an diesem Tag zu schlagen sind«, sagte Fritz Walter. 45 Minuten später war die Sensation dank Rahns Treffer zum 3:2 perfekt, das Wunder geschehen, die Bundesrepublik Weltmeister – und die Bevölkerung aus dem Häuschen. Leute, die sich nie zuvor gesehen hatten, umarmten und küßten sich. Fenster wurden aufgerissen, die Deutschen winkten sich mit bunten Laken und Tüchern zu. Innerhalb von wenigen Minuten waren zahllose Gasthäuser bis auf den letzten Platz gefüllt: Viele wollten diesen Augenblick der Freude mit anderen Menschen teilen.

Auch die Hauptakteure dieses Tages verwandten alle Energien, die ihnen das aufreibende Spiel noch gelassen hatte, darauf, den Rasen in einen Festplatz zu verwandeln.

Fritz Walter erinnerte sich später: »Für uns alle war es der absolute Höhepunkt und die Krönung unserer Fußballaufbahn, vor allen Dingen für mich.

Man hatte ja vorher geschrieben: ›Fritz Walter ist zu alt. Herr Herberger soll ihn zu Hause lassen.‹ Er hat mich Gottlob mitgenommen. Ich war 34 Jahre alt. Wir hatten schon zwei Deutsche Meisterschaften mit dem 1. FC Kaiserslautern gewonnen, aber daß wir auch mal Weltmeister werden würden, damit hat niemand gerechnet. Ich auch nicht.«

Beim Abspielen der Nationalhymne gab es dann allerdings eine unangenehme Überraschung. Die deutschen Fans intonierten statt der offiziellen dritten Strophe des Deutschlandliedes jene Zeilen lautstark, die sie nur allzugut im Ohr hatten: »Deutschland, Deutschland über alles.« War er da wieder, der *furor teutonicus?* Die Gastgeber waren irritiert, und der Schweizer Telefon-Rundspruch schaltete sich prompt aus der Live-Übertragung aus. Nur neun Jahre nach dem Krieg waren den Schweizern solche Töne mit Recht unheimlich.

Die Krönung: Der Jules-Rimet-Pokal für die Deutschen.

Bedrückt war die Stimmung im Lager der Magyaren. Sie hatten ihr blaues Wunder von Bern erlebt und konnten es immer noch nicht ganz begreifen. Gyula Grosics, der ungarische Torwart, nach dem Spiel: »Für mich ist das ein Alptraum. Ich empfinde diese Niederlage als den Tiefpunkt meiner Laufbahn. Weder ich mir selbst noch das den Fußball liebende ungarische Volk werden uns diese Niederlage jemals verzeihen.«

Doch das wirklich schlimme Nachspiel fand in ihrer Heimat statt: Der Mißerfolg wurde wie eine nationale Katastrophe aufgenommen; Budapest glich einer belagerten Stadt; Straßenbahnen wurden umgestürzt, Schaufenster eingeschlagen, öffentliche Gebäude gestürmt. Es kam zu Massendemonstrationen gegen das Regime. Als Ungarns Fußballer heimkehrten, wartete eine aufgebrachte Meute auf sie. »Die sind doch alle von Mercedes bestochen« – so versuchten die enttäuschten Fans das Unfaßbare zu erklären. Doch einem handgreiflichen Ausbruch des Volkszorns hatten die Organisatoren sicherheitshalber einen Riegel vorgeschoben: Die Mannschaft kletterte klammheimlich schon in einem Vorort von Budapest aus dem Zug. Das war die Kehrseite des Wunders von Bern.

Beim Empfang der deutschen Mannschaft in der Heimat überboten sich die Städte in triumphalen Empfängen. Bundespräsident Heuss gratulierte den Helden im angemessenen Rahmen eines vollbesetzten Berliner Olympiastadions und überreichte ihnen den Silberlorbeer. Von der Zigarrenkiste bis zum Motorroller lockten nach dem Fußballwunder nun die Früchte des beginnenden deutschen »Wirtschaftswunders«. Sepp Herberger wurde in seinem Heimatort zum Ehrenbürger ernannt.

Die Euphorie in Deutschland galt nicht nur den Siegern und ihrem fußballerischen Volltreffer. Der sportliche Triumph von Bern war, nach der Währungsreform, das erste große Gemeinschaftsereignis der zweiten deutschen Republik. Es war eine ausgemachte Sache: Hier hatten nicht elf Fußballer gewonnen, sondern »wir« – die Deutschen.

Norbert Blüm, schon damals Fußballfan, hat es farbig formuliert:

»Deutschland hat um seine Anerkennung in der Welt gekämpft. Man fühlte sich als Notgemeinschaft. Insofern war diese Fußballnationalmannschaft Fleisch von unserem Fleisch.«

Ein rundes Leder und elf Ballkünstler als gesellschaftliches Wunderheilmittel? Die deutsche Nachkriegsgesellschaft empfand die Anerkennung auf dem Spielfeld wie Balsam für verletztes Selbstbewußtsein.

Dahinter steckte freilich auch ein Stück Verdrängung. Denn mit Rahns Siegtreffer schien für manche Zeitgenossen die NS-Vergangenheit gleichsam »weggeschoben«.

Für die Fußballer selbst zählte damals allein der sportliche Sieg – wiewohl er finanziell kaum einen Gewinn abwarf. Es winkten weder Werbeverträge noch satte Prämien. Die Einnahmen, wie Fritz Walter vorrechnet, muten im Vergleich zum heutigen Millionengeschäft eher wie Trinkgelder an: »Wir haben 320 Mark verdient beim 1. FC Kaiserslautern, wenn wir Deutscher Meister wurden 1000, als Vizemeister 500. Als wir in die Schweiz gefahren sind, haben wir immer nur gelesen, wenn Ungarn Weltmeister wird, wenn Brasilien Weltmeister wird, wenn Uruguay Weltmeister wird – dann kriegen die Spieler 40 000, 50 000 oder sogar 60 000 Dollar. Und plötzlich war unsere Mannschaft im Endspiel. Aber da verlor keiner ein Wort über Geld. Nicht ein einziger unserer Spieler ist zu mir gekommen und hat 'ne Andeutung gemacht.«

Reich geworden sind sie nicht durch diesen Sieg, die »Helden von Bern«. Aber sie haben den Deutschen damals etwas gegeben, das man nicht mit Geld aufwiegen kann: Selbstvertrauen. »Wir sind wieder wer« – neun Jahre nach einem verlorenen Krieg mit unbeschreiblichen Verbrechen, Millionen von Toten, Städten und Moral in Trümmern, verlorener Selbstachtung. Nun hatten die Deutschen wieder etwas, worauf sie ohne Gewissensbisse stolz sein konnten.

Alfred Georg Frei

Die Heimkehr

In Kaiserslautern waltete wahre Fußballbegeisterung. Die Stadtverwaltung plante schon am 3. Juli 1954 »unabhängig von dem Ergebnis der morgen fallenden Entscheidung um die Fußballweltmeisterschaft einen Empfang der fünf Lauterer Angehörigen der deutschen Mannschaft«, Fritz und Ottmar Walter, Werner Liebrich, Horst Eckel und Werner Kohlmeyer. Die anderen Spieler steuerten schon ihr Zuhause in Nürnberg und Düsseldorf, in Hamburg oder Frankfurt an, als die Lauterer Weltmeister am 7. Juli in Karlsruhe auf dem Hauptbahnhof eintrafen, umbrandet von dem gewohnten Jubel. Der Oberbürgermeister von Landau, der Präsident des 1. FC Kaiserslautern, der Spielausschußvorsitzende, der Bürgermeister von Kaiserslautern – alle genossen den Triumph mit und schoben sich in den Sondertriebwagen, den die Bundesbahn bereitgestellt hatte. Der Badische Sportverband schenkte den Pfälzer Weltmeistern einen 14tägigen Erholungsurlaub auf Burg Schöneck, die Autogrammjäger bliesen zum Großangriff.

Kaum hatte der Zug wieder die Fahrt aufgenommen, kam es zu einem ungeplanten Halt. Die Streckenarbeiter der Bundesbahn blockierten die Maxauer Rheinbrücke. Sie zeigten keine roten Fahnen, sondern ein blumenumkränztes Schild: »Willkommen in der Pfalz!« In Landau warteten etwa 15 000 Menschen am Bahnhof. Bekannte Bilder: Die Bahnpolizei hat Schwierigkeiten, die Gleise freizuhalten, Jugendliche stehen auf anderen Zügen, Autogrammjäger in Hundertschaften, Blumen über Blumen.

In Neustadt versucht der Bürgermeister vergeblich, eine Rede zu halten, Fanfarenbläser hatten sich in Lambrecht aufge-

Jubelstürme, Böllerschüsse, Konfettiregen für alle 22 Spieler bei der Heimkehr – Fritz Walter in Kaiserslautern.

baut. Bahnübergänge sind schwarz von Menschen, eine Autokolonne auf der parallel verlaufenden Bundesstraße begleitet den Triebwagen mit einem Hupkonzert.

»Kein Kind und kein Erwachsener waren zu sehen, die nicht ein Fähnchen des FCK getragen hätten«, beobachtet die »Die Rheinpfalz«. Etwa 100 000 Menschen stehen in Kaiserslautern bereit. Die Bahnhofshalle wird noch umgebaut. »Flaggen heraus«, bittet Oberbürgermeister Alexander Müller (SPD). Der Unterricht an den Schulen fiel aus, die Geschäfte waren mit Girlanden geschmückt. Ein Café hatte die Idee, im Schaufenster einen Lauterer Spieler, einen »roten Teufel«, aus Marzipan aufzustellen, unter ihm die Reihe der geschlagenen Gegner.

Böllerschüsse und Jubelstürme zeigten gegen 19.25 Uhr an, daß es soweit war. »Von der bekannten Zurückhaltung der Westpfälzer war diesmal nicht das Geringste mehr zu spüren, und die Beifallskundgebungen für die Spieler erreichten südländisches Format«, schrieb die »Pfälzische Volkszeitung«. Nach der Begrüßung auf dem Bahnhof fuhren die Spieler in ihren VW-Kabrioletts an vielen schön gereimten Transparenten vorbei: »Deutschlands größter Triumph ist errungen, herzlich willkommen, ihr Lauterer Jungen!« Oder: »Willst Du unserem Ottmar danken, mußt Du fleißig bei ihm tanken.« Das Transparent spielte darauf an, daß Ottmar Walter eine Tankstelle betrieb – ein früher Fall von erfolgreichem Marketing. Damals war es eher üblich, bekannten Fußballspielern, wie Werner Liebrich, eine Toto-Lotto-Annahme zu spendieren.

Aus dem Konfetti-Regen retteten sich die Nationalspieler in die überfüllte Fruchthalle. Ein Fanfarenstoß erklang – und alle gratulierten: Justizminister Bruno Becher dankte den »fünf Korsettstangen der Nationalmannschaft«, Regierungspräsident Franz Pfeiffer sprach für die Pfalz. Miles B. Reber, der Kommandierende General der amerikanischen Besatzungstruppen, sagte, die amerikanischen Soldaten seien so stolz auf »ihre« Nationalspieler wie die Lauterer selbst. Oberbürgermei-

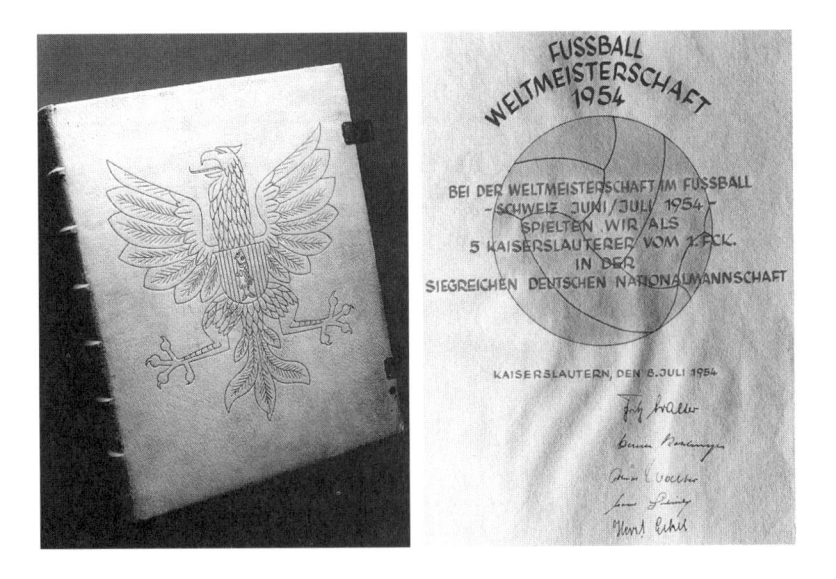

Fünf 54er Weltmeister im Goldenen Buch der Stadt.

ster Müller lud die fünf ein, sich bei der Stadt ein dem Anlaß entsprechendes Geschenk auszusuchen und sich ins »Goldene Buch« der Stadt einzutragen.

Über eine Lautsprecheranlage wurden die Reden auf den nahegelegenen Schillerplatz übertragen. Der Vorsitzende des Fußballverbandes Rheinland-Pfalz, Eckert, rief aus: »Es gibt in Deutschland nur eine Fußballhochburg, und die heißt Kaiserslautern.« Der Vorsitzende des Südwestdeutschen Fußballverbands, Karl Fahrbach, redete, der Vorsitzende des Sportbundes Pfalz, Christian Löffler, redete, der Präsident des FCK, Ludwig Müller, redete, der Dichter des »Walter-Liedes«, Alfred Kurz, redete, und schließlich sogar Fritz Walter. Er hielt nach Meinung der »Pfälzischen Volkszeitung« die längste Rede seines Lebens. Das schönste Mitbringsel sei für ihn das Erlebnis einer einzigartigen Kameradschaft der 22 Spieler. Und sie hätten nur so gut gespielt, weil Sepp Herberger sein 100. Länderspiel leitete. »Kaiserslautern ging an diesem denkwürdigen Tag später als sonst ins Bett. Die Heimkehr der Meisterfußballer wurde bis zum Morgengrauen noch gebührend gefeiert«, schrieb die »Freiheit«.

Am nächsten Morgen um 11 Uhr stand schon wieder eine Menschenmenge vor dem Stadthaus in der Steinstraße. Die fünf Weltmeister kamen, um sich ins Goldene Buch der Stadt einzutragen. Oberbürgermeister Müller gab »seine Buwe« noch ein paar fußballtaktische Hinweise sowie eine goldene Krawattennadel, gestiftet vom Juweliergeschäft Schaaf.

In aller Stille hatte die Nähmaschinenfabrik G. M. Pfaff AG um 18 Uhr eingeladen. Der Vorstandsvorsitzende Hugo Lind wies welterfahren darauf hin, »daß im Sport wie in der Wirtschaft nur bei Zusammenarbeit und vollem gegenseitigen Vertrauen große Erfolge erzielt werden könnten. Die Firma Pfaff bekundet ihre Dankbarkeit dadurch, daß sie jedem von ihnen eine moderne Haushaltsnähmaschine schenke, wobei es den Spielern bzw. ihren Frauen überlassen bleibe, die Möbelform nach Wunsch auszusuchen«, schrieb die »Pfälzische Volkszeitung«. Die Spieler waren erfreut und ließen sich gleich vor Ort etwas vornähen.

Während die fünf »roten Teufel« noch bei Pfaff waren, traf der Bürgermeister aus Horst Eckels Geburtsort Vogelbach ein. Er entführte sie dann in die überfüllte Vogelbacher Halle. Eine örtliche Firma stiftete gesundheitsbewußt ein großes Paket Zigaretten, und die Porzellanfabrik in Bruchmühlbach ließ eine »Erinnerungsgabe« überreichen. Vogelbach war damals übrigens noch Grenzort: Erst am 1. Januar 1957 wurde das Saarland als deutsches Bundesland eingegliedert. So freuten sich die Zeitungen, wenn »Nachbarn« aus dem Saargebiet nach Vogelbach kamen, um den Lauterern zuzujubeln. »Kein Kaiser, König oder sonstiges Staatsoberhaupt wurde je in der Barbarossastadt mit solcher Herzlichkeit und vor allem mit solcher Verbundenheit empfangen wie die siegreichen Mannen des FCK«, faßte die »Rheinpfalz« die beiden Tage zusammen.

Arthur Heinrich

»Gute Jungens, Volk, wie das Volk«

Ein deutscher Alptraum 1954f.: Fritz Walter, Held von Bern, der Chef auf dem Spielfeld, der »Große Fritz« *(Bild)*, »diese Verkörperung einer neuen Spielidee« *(Der Spiegel)*, der »Fußball-Genius« *(Der Tagesspiegel)* erhält Auslandsangebote. Der volksbekannt Hypersensible, der sein herausragendes Talent damit bezahlen muß, »daß er wie kaum ein anderer internationaler Spieler von Stimmungen, von zufälligen Nervenbelastungen abhängig ist« *(Kicker)* – er widersteht den finanziell und weiblich daherkommenden Versuchungen. Bis sich eine Männerfreundschaft als Täuschung erweist: Das erbetene und gegebene Autogramm ist die erschlichene Unterschrift unter den Transfervertrag nach Südamerika. – Fritz Walter statt in der Pfalz in Uruguay? Weil das keinesfalls sein darf, entwindet er – schon außer Landes und auf dem Weg nach Paris – dem schurkischen Latino-Manager den Vertrag, zerreißt letzteren, springt vom fahrenden Schnellzug und eilt – ins Trainingslager der deutschen Nationalmannschaft, wo er Sepp Herberger seine Rückkehr mit den historischen Worten »1 : 0 für Deutschland!« meldet. – Gerade nochmal gutgegangen.

So ungefähr sah der Plot eines deutschen Spielfilmprojekts aus, das der Wiener Sportreporter Heribert Meisel (»Mein Vorschlag geht dahin, nicht alle vier Jahre drei Wochen lang Weltmeisterschaft abzuhalten, sondern diese Kämpfe alle drei Wochen auf die Dauer von vier Jahren zu veranstalten. Wir wären dann nicht so gehetzt gewesen...«) und der Münchner Alteisenhändler Hans Schubert ausgeheckt hatten. Der war fußballfilmerfahren; er hatte einen anderthalbstündigen Streifen über die Weltmeisterschaft 1954 produziert, der keine vier Tage nach dem Schlußpfiff in Bern mit 100 Kopien in den Kinos anlief und prächtig Geld einspielte. Für den neuen Film sollten in den Haupt- und Nebenrollen die Originalakteure ran. Fritz Walter, Mitspieler, Chef – alles echt.

Über die Absatzchancen mußte man sich keine Sorgen machen. Die Nationalmannschaft war auch Monate nach Bern ungebrochen attraktiv, verkaufstechnisch ein Selbstläufer, und der Aufhänger der Story aus dem wirklichen Leben gegriffen. Die Versuche, den deutschen Spielführer ins Ausland zu verpflichten, waren besorgniserregend ernstgemeint, weshalb *Bild* intervenierte: »Fritz Walter im Dreß eines ausländischen Klubs? Dieser Gedanke ist für ganz Fußball-Deutschland unvorstellbar.« Die Kampagne »Bleib' in Deutschland, Fritz!« war geboren.

Doch aus dem Mannschaftsausflug ins Filmgeschäft wurde nichts. Der notgedrungen eingeschaltete Deutsche Fußball-Bund, der die Chancen der Fußball-Vermarktung erst mit nachgerade fahrlässiger Verspätung erkannte, legte sich quer und beschied den Projektleitern schließlich lapidar, daß »der Geist der Nationalmannschaft nicht zu verfilmen« sei *(Der Spiegel)* – obwohl sich der weit überwiegende Teil der deutschen Bevölkerung nach ein paar Wochen Weltmeisterschaft darunter durchaus Handgreifliches hätte vorstellen können. Der *Geist von Spiez,* hier und da auch als lokalkolorierter *Schwur von Spiez* auftauchend, war in kürzester Zeit zur Alltagsvokabel geworden. Während aber das eidgenössische Rütli-Gelöbnis weiland eine Staatsnation gestiftet hatte, beließ es der deutsche Versuch beim wechselseitigen Versprechen, »bis zur letzten Kraftreserve und Möglichkeit zu kämpfen« *(Die Rheinpfalz).*

Das mochte den Deutschen nicht ganz unbekannt vorkommen. Doch nicht der Wiedererkennungswert war es, der nach dem Sieg in Bern den landesweiten Überschwang auslöste und

Start ins Fernsehzeitalter mit dem Fußballwunder: Das neue Medium vermittelt ein neues Informationsgefühl.

dazu führte, daß anschließend Hunderttausende versuchten, den Spielern auf den Stationen ihrer Rückreise möglichst nahe zu kommen. Das Volksaufkommen und -empfinden erklärt sich aus der problemlosen Identifikation der Nation mit ihrer Mannschaft. Man verspürte kaum Abstand zu den kickenden Vertretern des Landes. Die waren eben »gute Jungens, Volk, wie das Volk« *(Münchner Merkur)*.

Die Weltmeister-Biographien hätten durchschnittlicher nicht sein können. Fußball war in erster Linie der Sport der kleinen Leute, und selbst diejenigen, die sich zur nationalen Auswahl rechnen durften, gingen fast alle einer regulären beruflichen Beschäftigung nach. Doch darin erschöpfte sich die Verbundenheit nicht. Die Weltmeister-Zentrale, Trainer und Spielführer nämlich, standen für eine die Stunde Null überdauernde Kontinuität, die nicht versteckt werden brauchte. Sepp Herberger hatte Reichstrainer Otto Nerz assistiert, der in den dreißiger Jahren die zum Lehrgang versammelten Nationalspieler täglich 60 Minuten unter SA-Kommando exerzieren ließ, und ihn nach dem blamablen Ausscheiden der Deutschen beim olympischen Turnier in Berlin beerbt. Aber schließlich ging es nur um Fußball.

Der Kapitän (»ich als alter Landser«) hatte gedient, und zwar in einer Art und Weise, wie das auch eine veritable Mehrheit der Deutschen von sich behauptete: mitgemacht, weil es nicht anders ging, die Pflicht getan, ohne größeren Schaden damit angerichtet zu haben. Bei aller Normalität des Werdegangs im zwölfjährigen Reich durfte sich Fritz Walter, ab Juli 1940 Nationalspieler und damit bekannt, durchaus als eine Art Dauerbotschafter des Friedens verstehen. Für seine Mitsoldaten war er »die Verkörperung von Begriffen, die für immer verloren schienen: Frieden, Heimat, Sport ...« Und nach dem verlorenen Krieg stand für ihn fest, was Millionen nachvollziehen konnten: »Wer einmal mit jungen Menschen aus anderen Ländern auf den Rasen gelaufen ist, kann unmöglich mit Überzeugung auf sie schießen.«

Nicht nur der Werdegang der Fußballer war gewöhnlich und ließ sie damit außergewöhnlich sympathisch wirken. Sie trafen auch den Ton. »Reden wir nicht vom Krieg, reden wir vom Fußball!« – Was der Spielführer formulierte, war nach dem Juli 1954 so etwas wie ein deutsches Credo, aus dem zweierlei sprach: Verdrängung und das weit verbreitete Empfinden, die Schnauze voll zu haben. Die fußballspielende Elite, das waren Weltmeister zum Anfassen.

Das Identifikationsangebot ans Publikum erschöpfte sich darin nicht. Denn da gab es zusätzlich den erwähnten Geist von Spiez, der sich auch mit der Zauberformel *Kameradschaft* übersetzen ließ. Kameradschaft, das war die Chance, in Ermangelung säkularer Bindemittel auf dem Wege der Verlängerung und Verbreitung der Landser-Mentalität zusammenzuhalten, was in der Nachkriegsgesellschaft auseinanderstrebte. Vor diesem Hintergrund verwundert es nicht, daß man hinter der Leistung der Weltmeisterelf spätestens nach Erreichen des Halbfinales mehr als nur eine solide Mannschaftsleistung plus exzellente Solisten plus eine wechselnde, in jedem Fall aber ausreichende Portion Glück vermutete. Unter den deutschen Umständen reichte das nicht hin. Weil da mehr sein mußte, konnte man als Zeitgenosse der Schilderung einer »Geste voll tiefer und wahrer Symbolik« wohl nur mit jeder Menge Fortune entgehen: »Eine Schweizer Militärkapelle intonierte zu Ehren des Siegers das Deutschlandlied. Und während deutsche Besucher brausend das Lied mitsingen, anderen vor Rührung die Tränen aus den Augen rinnen, sucht der Fritz nach der Hand des Sepp, faßt links neben sich Turek an den Arm. Und so geht es weiter fort, über Eckel, über Rahn bis hin zu Max Morlock schließen sich die Hände zur Kette. Daß man das erleben darf! Stumm, ergriffen stehen die Spieler, die Wangen hohl von der Anstrengung des Kampfes. Niemand hat den Händedruck befohlen. Sie können nur gemeinsam, als Kameraden, der Macht und Größe dieser Stunde gegenübertreten.« *(Deutschland Weltmeister)*

Fotos, die um die Welt gingen...

...der »Vater des Erfolgs«, Sepp Herberger, auf den Schultern seiner Spieler. Der »Weise von der Bergstraße« hatte auf Kameradschaft und Teamgeist gesetzt...

Dieses »Sinnbild des Kameradschaftswerkes«, hier vorgetragen in autorisierter Version, gab die Konturen vor, die auszufüllen waren. Der delikaten Aufgabe nahm sich DFB-Präsident Dr. Peco Bauwens an, der sich dem vermutlich nicht einmal dann hätte entziehen können, wenn er gewollt hätte. Nicht im Überschwang der Gefühle, sondern in der Weltmeisterschaftserinnerungsgabe des eigenen Verbandes, wegen des zeitlichen Abstands also im Vollbesitz seiner geistigen Kräfte, identifizierte er als Fundament deutscher Fußballerstärke die Primärtugenden »Hingabe des einzelnen an den Dienst der Gemeinschaft«, »Einsatzwillen, Unterordnung, Kameradschaft«,

... die Spieler auf den Schultern ihrer Landsleute, Begleiter und Betreuer. Deutsche Jubelszenen im Berner Wankdorf-Stadion mit Fritz Walter und Horst Eckel.

»Kampf, Erprobung der Kraft am Gegner« und, als Appendix, die »Achtung vor dem Rivalen«. Wer einschlägige Stichwörter an dieser Stelle noch vermißte, fand sie im vermutlich präsidial inspirierten Nachwort: dort war von »Sauberkeit«, »Selbstbeherrschung« und »Pflichtbewußtsein« die Rede.

Hinzu kam die in offiziellen Verlautbarungen ausgesparte Askese. Mitgereiste Spielerfrauen wohnten in separaten Hotels und konnten zumeist nur aus der Entfernung einen begehrlichen Blick auf ihre Männer werfen. Bei näheren Begegnungen war immer gleich ein Dritter zugegen. »Mein Mann besucht mich nur in Begleitung seines Freundes Eckel«, klagte Frau

Schäfer *Bild* ihr Leid. Ein solcher Begleitschutz mußte nicht einmal ausdrücklich abgestellt werden. Er galt Eingeweihten vielmehr als das Ergebnis nachgerade genialer Zimmervermittlung des Bundestrainers, der es schaffte, für die Zweibett-Unterkünfte bei Turnieren und Trainingslagern (nur der Chef selbst logierte im Einzelzimmer) genau die richtigen Pärchen zu bilden. »Einige wurden unzertrennlich«, enthüllte der Mannschaftskapitän Jahre später. »So konnte Horst Eckel kaum noch ohne Hans Schäfer auskommen. Selbst dann nicht, als Frau Schäfer eintraf und ihren Mann gern mal ein bißchen für sich gehabt hätte. Sie taufte den ständigen Begleiter ihrer Ehehälfte anzüglich den ›Schatten‹.«

Daß in Spiez weder geraucht noch getrunken wurde, verstand sich von selbst. Anders dagegen die Ungarn. Bei denen ginge alles »ungezwungen und natürlich« vor sich, meldete der *Welt*-Korrespondent aus der Schweiz. Im Grunde stand damit von vornherein felsenfest, was für die allermeisten deutschen Beobachter nach dem Endspiel dann sonnenklar war – daß die Libertinage, von der die Ungarn nicht einmal 24 Stunden vor dem Berner Finale ließen, zum Scheitern führen mußte: »Am Samstagabend begegneten uns die ungarischen Spieler mit ihren roten Sakkos mit dem Goldemblem auf der Prachtstraße Zürichs ... Sie rauchten Zigaretten, tranken auf einer Terrasse ein Bier und spielten die Ungerührten ... Mit Flanieren auf Großstadtstraßen, mit Zigaretten und Bier kann man doch keine Weltmeisterschaft gewinnen. Das verstößt doch gegen alle medizinische Kenntnis und sportliche Auffassung, wußte nicht nur der Bonner *General-Anzeiger*.

Erfolg macht vergeßlich. Was zwischenzeitlich sogar dem *Bild*-Reporter unangenehm aufgefallen war, daß nämlich im Lager der Deutschen »soldatische Disziplin und persönliche Freiheit in Fehde« lägen, wollte am Ende niemand mehr wissen. Das 3:2 verdankte sich, da waren alle einig, letztlich jener geschilderten Palette charakterlicher Eigenschaften, die wiederum den »prachtvollen Gemeinschaftsgeist« hervorgebracht hatten. Zusammengenommen, so war man sicher, erwuchs daraus »die wunderbare Geschlossenheit«, die sich, wie könnte es anders sein, in unbändigem Kampfeswillen artikulierte: »durchdrungen vom Willen, nicht unterzugehen« *(Deutschland Weltmeister)*. Der Sieg rundete sich: »In der Tat, es war ein Triumph der Mannschaftsleistung, des Körpers *und* des Geistes«, jubelte der *Kicker*.

Das Eigenschaftsdreieck aus Kameradschaft, Entsagung und Geschlossenheit beseitigte jedenfalls im Rückblick auch das Unerklärliche: »Eine Weltmeisterelf war erstanden, gewachsen im Kampf, geformt von Meisterhand. Das war keine Sensation, es war kein Wunder. Es war der logische Endpunkt eines konsequent gegangenen Weges«, lautete die DFB-beaufsichtigte Bilanz. Der Erfolg rückte in die Nähe des Selbstverständlichen, fast schon ein *Triumph des Willens.* »Wir werden es schaffen, wenn wir es wollen«, gab Peco Bauwens bekannt.

Diese Art der Überlegenheit blieb nicht den deutschen Nationalspielern vorbehalten; die standen als Volksvertreter auf dem Rasen. Das Weltmeisterschafts-Halbfinale zwischen Deutschland und Österreich (6 : 1) offenbarte – »neben aller Fußballkunst« – für die *Welt* nationalcharakterliche Differenzen. »Bei den Deutschen stand neben allem Können eine wilde Entschlossenheit, bei den Österreichern eine lässige Verspieltheit ohne letzte Kraft. ›Wir werden gewinnen‹, sagten die Österreicher vorher und lächelten. ›Wir wollen gewinnen‹, sagten die Deutschen und ihre finstere Miene. Zwei Welten. Kein Wunder, daß die Männer von der blauen Donau dabei untergingen.«

In solchen Stimmungen konnte es schon mal passieren, daß Formulierungskünste unwesentlich älterer Art durchschlugen. Die Deutschen waren, so die *Welt,* einmal mehr gewillt, »nicht zu kapitulieren, ehe der Schlußpfiff fällt [!]«. Da war es nur noch eine Frage der Zeit, bis die Chronisten die Helden von

Bern in einer Reihe mit anderen antreten ließen: »Sie sind für uns Vorbilder im echtesten Sinne geworden, die sich durchaus mit den leuchtenden Namen der kühnen Kriegshelden messen können, für die die Jugend sich begeisterte.« So ganz wohl schien dem Verfasser dabei nicht zu sein; aus der Fortsetzung spricht das Bedürfnis, die immerhin halbempfundene Peinlichkeit auszubügeln: »Aber wieviel glücklicher ist das Los dieser unserer neuen Nationalhelden, die sich im friedlichen Wettstreit unsere Herzen im Sturm erobern! Wieviel segensreicher wird sich ihr kämpferischer Ehrgeiz auswirken, um auch im Ausland dem deutschen Namen wieder zu Ansehen und Achtung zu verhelfen!« – Die Skrupel verlieren sich im Laufe der Jahre. Für die halbamtliche *Geschichte der Bundesrepublik* werden die Sieger von Bern ohne weiteren Zusatz »ähnlich gefeiert wie 10 und 15 Jahre zuvor die Jagdflieger-Asse und die erfolgreichen U-Boot-Kommandanten«.

Aus dem Geist von Spiez und seinen Ingredienzen Rückschlüsse auf dessen nichtsportlichen Verbreitungsgrad zu ziehen und erwartungsgemäß die ungeläuterte und unbußfertige Gesellschaft zu erkennen, verbietet sich allerdings. Die angeblich vollendete mannschaftliche Geschlossenheit, »die unzerbröckelbare Einheit« *(Deutschland Weltmeister)* beruhte zum Gutteil auf Legendenbildung.

Da war die stille Opposition, angeführt von denjenigen »Reservisten«, die aus der Presse erfuhren, daß sie beim einkalkulierten 3 : 8 gegen Ungarn als zweite Wahl hatten auflaufen dürfen. Fünf Jahre später beschrieb »Boss« Rahn den langen Abend der Rebellion: »Wir meckerten und stänkerten noch eine ganze Zeit lang herum. Ja, wir gründeten sogar einen ›Klub der Unzufriedenen‹, sonderten uns ab und marschierten auf eigene Faust in ein Wirtshaus auf der anderen Seite des Thuner Sees. Hier kippten wir unseren Verdruß mit einigen Glas Bier hinunter.« So geschlossen war also das deutsche Expeditionskorps nun auch wieder nicht.

Zudem wurden den Fußballhelden Werte und Eigenschaften untergeschoben, die selbst auf dem Rasen aus der Mode gekommen waren. Den Fußballfachleuten galt die »zweckmäßig angewandte und eingesetzte Technik« als der eigentliche Schlüssel zum Erfolg in der Schweiz. Mit in Kampfkraft umgesetzter mannschaftlicher Geschlossenheit allein war angesichts des fußballstrategischen und -taktischen Fortschritts kaum mehr etwas auszurichten.

Nur fachfremde Kommentatoren ließen das Kollektiv hochleben und behaupteten kategorisch: »Die Sieger sind keine einzelnen« *(Rheinische Post)*. Die Spielanalytiker kamen zu ganz anderen Resultaten: »Die Weltmeisterschaft 1954 brachte uns die Abkehr von einer Fehlentwicklung des Fußballs, mit seiner Überbetonung von Wucht, Schnelligkeit und Zerstörung, wie wir sie auch in anderen Sportarten als Zeiterscheinung feststellen mußten. Wegweisend wird dies aber auch für die hohe Bedeutung des konstruktiven, durchdachten Spiels sein, des Stils, also der positiven Waffen, zu denen das Mannschaftsspiel gehört und im möglichst weitgespannten Rahmen die Pflege der Individualität als Teil des Ganzen« *(Coupe Jules Rimet)*. Was Wunder, daß der Trainer bei seinen Spielern andere Vorzüge schätzte als der Verbandspräsident.

Um »das moderne ›System der Systemlosigkeit‹ unter deutschen Bedingungen« und erfolgreich anwenden zu können, hatte der Bundestrainer dem informierten *Spiegel* zufolge die Erfahrung gemacht, »daß man dem spielerischen Individuum im Rahmen der Mannschaft gewisse Grundrechte einräumen müsse«. Gefragt waren »gelöste Sportsmänner«. Das blieb den Spielern nicht verborgen, die in der Regel auch andere Formen der Menschenführung kennengelernt hatten. Sie registrierten mit Zufriedenheit, daß Herbergers Methode »weit entfernt vom Kasernenhofdrill« war. »Das Spielerische, das Lockere dominierte bei aller Zielstrebigkeit« *(Der Chef)*.

Diese Art freier Entfaltung der Persönlichkeit machte die

Fußballnationalelf zu einer Enklave des Fortschritts in einer Gesellschaft, der die Entdeckung entsprechender Freiheiten erst noch bevorstand. Der avantgardistische Vorgriff auf einen Liberalismus individueller Grundrechte läßt den Geist von Spiez ganz alt aussehen: Als der in die Welt gesetzt wurde, hatte er sich längst überlebt. Sagen tat das keiner, um die sehnsuchtsvolle »Inbrunst der Gefühle« *(Die Rheinpfalz)* in der Weltmeisterheimat nicht zu beschädigen. Und da traf es sich bestens, daß das ohnehin niemand hören wollte.

Im Wirtschaftswunderland hatten sich die Werte verschoben. Das Pathos früherer Tage, die unauflösliche Gemeinschaft, bei der aus Kämpfern schließlich Sieger werden, stand im Begriff, zum Muster ohne Wert zu geraten und einer neuen Nüchternheit Platz zu machen.

»Geschehen noch Wunder?« fragte das Deutsche Fußball-Toto in einer *Spiegel*-Anzeige zwei Monate nach dem Sieg in Bern. Die Antwort: »Und das ganze Geheimnis des deutschen Fußballwunders: es ist letztlich gar kein Wunder, sondern das Resultat gesunden Unternehmergeistes, uneigennütziger Arbeit, sportlicher Leistungskraft und ehrlicher Begeisterung für die schöne Sache des Sports.« Die Säkularisierung am Ball.

In gewisser Hinsicht hatten die Funktionäre der Frankfurter DFB-Zentrale doch recht: Der Geist der Nationalmannschaft ließ sich nicht verfilmen. Denn so, wie ihn die Öffentlichkeit zu gern vermutete, gab es ihn nicht. Daß sich dennoch so viele dafür begeisterten, war letztlich nur ein Phänomen des Überganges – gearbeitet wurde längst anders, auf dem Rasen und auch sonst. Aber gerade deshalb galt: Warum sollte man sich nicht Nostalgie gönnen, wo und solange es noch ging?

Kein Wunder, daß die Helden von Bern im Geist von Spiez gefeiert wurden.

In besonderer Anerkennung seiner grossen Verdienste um die deutsche Nationalmannschaft anlässlich der Weltmeisterschaft 1954 wird der Sportkamerad

FRITZ WALTER

zum Ehrenspielführer unter gleichzeitiger Überreichung dieser Urkunde ernannt.

Spiez, den 4. Juli 1954

Deutscher Fussball-Bund

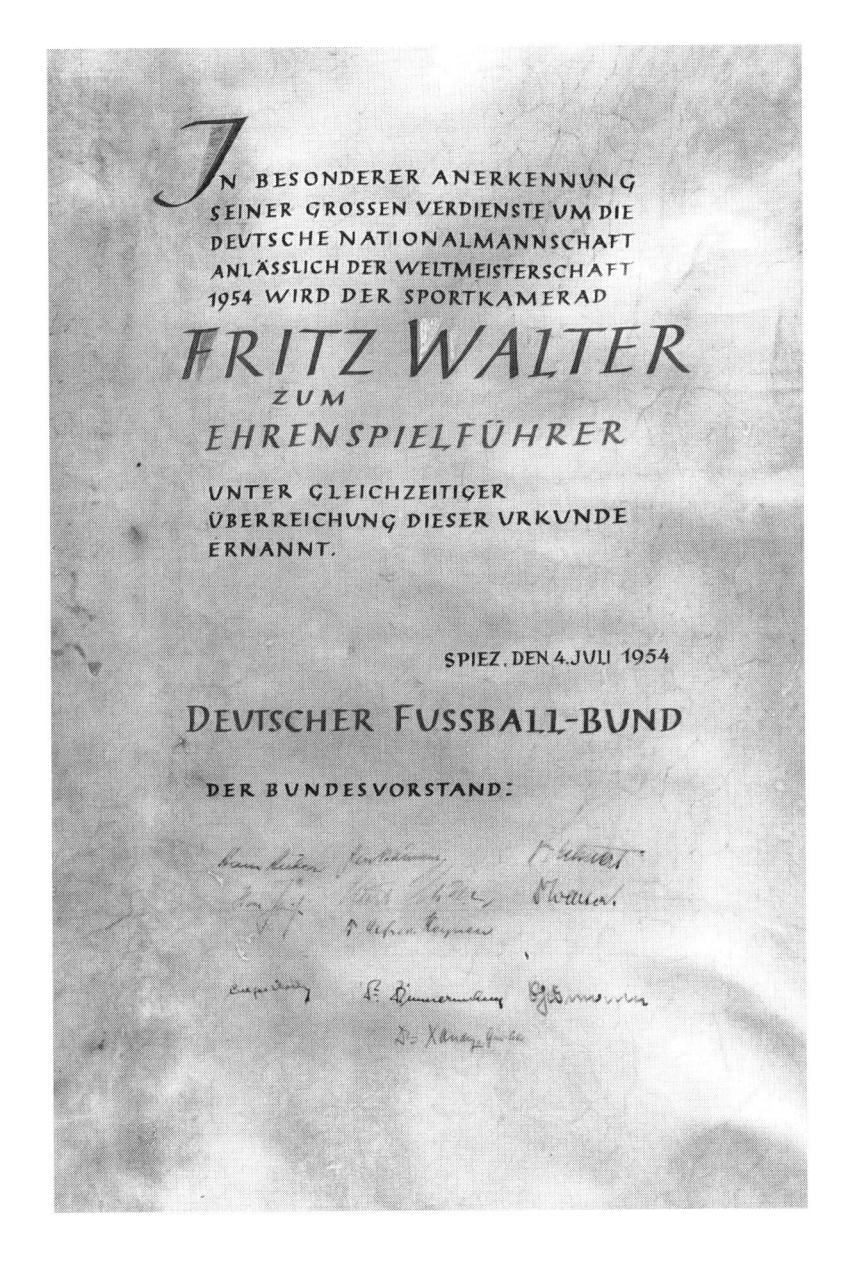

Der Bundesvorstand:

Erster Ehrenspielführer: Fritz Walter. Ein Titel, den auch Uwe Seeler und Franz Beckenbauer führen.

Rudi Michel

Fußball auf Seite eins
Die In- und Auslandspresse über Bern

Wir sind wegen des Sportes hier, den wir außerhalb der Politik lassen wollen...
...Aus Ihrem, uns alle erfreuenden Sieg haben manche Leute drinnen und draußen so etwas wie ein Politikum gemacht. Es ist primitiv und töricht, wenn manche Zeitungen und Kommentare den Deutschen es verübeln, daß sie sich freuen. Das wäre nämlich überall so gewesen.

Bundespräsident Prof. Dr. Theodor Heuss bei der Überreichung des Silberlorbeers im Berliner Olympiastadion

»Wir können es nicht fassen«, schrieb ein deutscher Sportjournalist am Morgen danach. Das 3:2 wirkte wie ein Paukenschlag und hatte sie alle überrascht, Publizisten wie Politiker. Entsprechend vielfach und nachhaltig war das Presseecho. Tagelang rauschte es im deutschen und internationalen Blätterwald.

Zum ersten Mal nach dem Krieg erschienen Fußballberichte auf Seite 1 der Tageszeitungen. Zum ersten Mal befaßten sich Leitartikler mit einem internationalen Sportereignis, und alle taten sich schwer in der Beurteilung. Wo sollte man Sieg und Erfolg einordnen, ohne dabei ein Eigentor zu schießen: Blättert man in alten Zeitungsbänden von damals, liest man gut vierzig Jahre später mehr zwischen den Zeilen als man damals, 24 Stunden danach, erkennen konnte.

Die Kommentare schwankten zwischen Überbewertung und Warnung. Es stand in der *Welt* (5. Juli 1954):

»Es ist schließlich ein Sieg Deutschlands, auf den wir stolz sein können. Wenn der sportliche Wettkampf unter den Völkern einen Sinn haben soll, so sollten auch diese Völker sich an ihren Siegen erfreuen und über ihre Niederlagen trauern. Es ist anzunehmen, daß das Ausland nun dem deutschen Wirtschaftswunder das deutsche Fußballwunder hinzufügen wird ... Vom Wunder sprechen nur die anderen, wir selber nicht, wir tun unser Bestes, in der Arbeit wie im Spiel. Man sollte da nicht von Wunder reden, sondern es als eine Leistung anerkennen, zumal wir selber weit davon entfernt sind, wie schon einmal und allenthalben in den totalitären Staaten, politisches Kapital zu schlagen und es dem nationalen Selbstgefühl zuzuleiten.«

In der Wochenzeitschrift *Die Zeit* vom 8. Juli 1954 ist nachzulesen:

»Je bescheidener wir diese überraschenden Erfolge hinnehmen, je weniger wir von nationalem Empfinden und Hochmut in sie hineinlegen, um so mehr werden wir in der Welt wirken und für uns und unseren Sport werben, der sich in erstaunlich kurzer Zeit nach einem totalen Zusammenbruch wieder gefangen und zur Höhe hinaufgearbeitet hat.«

Sportjournalisten diktierten ihren Redaktionen im Eifer nach dem Gefecht emotionale Berichte voller Euphorie in die Rotationsmaschinen. Der Sportredakteur der Westdeutschen Allgemeinen Zeitung *(WAZ)* schrieb am Montag, dem 5. Juli 1954:

»Wir können es nicht fassen, uns zittern die Knie, die Hände, uns lacht das Herz – was sind das alles für schwache Ausdrücke für dieses ungeheure Wunder. Nein, es war kein Wunder, es war der Sieg von elf deutschen Kameraden, einer Elf, die bis zum Umfallen kämpfte und nicht das Gewehr ins Korn warf.«

Der Kicker behauptet auf Seite eins: »Deutschland umarmt seine Weltmeister.«

Der Düsseldorfer *Mittag* nannte den WM-Erfolg der Deutschen einen »goldenen Sieg«:

»Den Massenschrei beim dritten deutschen Tor werden auch die ›Nicht-Sportler‹ sobald nicht vergessen. Die Spaziergänger und Autofahrer dieses 4. Juli stellten fest: so einsam waren die

Straßen seit langem nicht, und werden sie sobald nicht wieder sein. Es schien, als säße die ganze Bundesrepublik an Lautsprechern und Bildschirmen.«

Die Süddeutsche Zeitung blinzelte in die Zukunft und plädierte für Maßhalten:

»Welche Art von Begeisterung haben wir denn noch auf Lager, wenn etwa die Einigung Deutschlands kommt oder der Weltfriede oder etwas dergleichen?«

Abschließend mahnte der Kommentator der *SZ*:

»Laßt uns wieder nüchtern werden! Das Spiel ist aus, es war ja nur ein Spiel. Das Leben geht weiter.«

Bild in Schlagzeilen:

»Nur die SED schießt Giftpfeile« und weiter: »Vom Staunen bis zum blanken Haß.«

Ostberliner Ideologen war die heimliche und die offene Sympathie der DDR-Bürger unheimlich geworden, und so taten sich die Zeitungen schwer, erkennbare Emotionen zu lenken, zu akzeptieren oder doch dagegen anzuschreiben.

Das *Deutsche Sport-Echo* brauchte zwei Wochen zum Formulierungsanlauf. Immerhin wurde man den Gefühlen der Menschen dann doch gerecht, wie der Textauszug verdeutlicht:

»Die Begeisterung der Menschen im Osten und Westen unseres Vaterlandes kannte ob dieses Sieges keine Grenzen.«

Keine Grenzen, wie wahr! – Vor dem Finale schien die Kommentierung des Turniers den wenigen in der Schweiz anwesenden DDR-Journalisten leichter zu fallen. Die Bruderliebe zu den Ungarn löste eine Euphorie, gelenkt von einer Einheitsrichtlinie, aus. Nach dem 8 : 3 der Ungarn gegen die »westdeutsche Auswahl« schwärmte die *Fußball-Woche:*

»Fußball in Reinkultur, Fußball ohne Schema, Fußball mit allen nur denkbaren Varianten, Fußball als eine Kunst...«

Nichtssagend dagegen die Überschrift im Ostberliner *Vorwärts* am 5. Juli 1954, am Tag danach, auf Seite sieben (!):

»Die 90 Minuten im Berner Wankdorf-Stadion«.

Im Auslandsecho der *Frankfurter Allgemeinen Zeitung (FAZ)* war am Mittwoch, dem 7. Juli 1954, zu lesen:

»Der Londoner Daily Express hatte am Montag mit einer siebenspaltigen, halb-deutschen, halb-englischen Schlagzeile aufgemacht: ›Der Tag – for germans‹. Hinter dem deutschen Wort TAG war ein Sternchen gesetzt, das auf folgende Anmerkung hinwies:

Der Tag – eine berühmte deutsche Bezeichnung für den Ausbruch zweier Weltkriege.«

Die Überzeile im *Daily Express* wurde eingeleitet mit den Worten »Deutschland über alles«, ebenfalls in deutscher Sprache.

Sibyllinisch schrieb der Korrespondent der französischen Sportzeitung *L'Equipe:*

Schlagzeilen der Auslandspresse als Montage im »Kicker« vom 12. Juli 1954.

»Ich habe die Hymne stehend gehört und zollte so – dank dem Sport – meinen ersten Beitrag an Europa.«

Mit der deutschen Überzeile »Achtung!« veröffentlichte *Le Monde,* Paris, einen Kommentar mit Schreckensszenario. Auszüge: »Achtung! Achtung! Die Zehntausende von Deutschen stehen still. Die Aufschreie enden. Die Musik intoniert ›Deutschland, Deutschland über alles‹. Die Menge singt mit. Die Erde zittert. Es regnet. Es regnet, und mir ist kalt. Freudestrahlend, jung, begeistert singen sie mit fester Stimme, auf daß es die ganze Welt hört und weiß, daß Deutschland wieder einmal ›über alles‹ gilt.«

Beruhigt können wir, die Deutschen, nach mehr als vier Jahrzehnten feststellen, daß sich die Sorge ausländischer Stimmen um das Fußballwunder als unbegründet herausgestellt hat. Man hat damals Meinung gemacht und im gewissen Maße Antistimmung erzeugt. Die Deutschen wurden von anderen Problemen geplagt, die sie damals nur für Stunden und Tage verdrängt hatten. Wer wollte ihnen die Freude verübeln. Sie wußten, daß sich ihre Vergangenheit nicht mit einem Fußball-Sieg bewältigen ließ und keine Zukunft auf einer Fußballweltmeisterschaft aufzubauen ist. »Freilich«, konstatierte der Bundestagsabgeordnete Wenzel Jaksch, »besteht die Gefahr, daß die Zeitgeschichte allzu sehr als Fußballgeschichte erlebt wird.«

Klaus Hildebrand

Der Slogan, wir sind wieder wer...

Der Slogan, wir sind wieder wer, ist für viele Bereiche, vor allem im Wirtschaftlichen, an sich für die endenden fünfziger und beginnenden sechziger Jahre charakteristischer als für die Gründerjahre der Bundesrepublik Deutschland, die erst nach und nach zu sich fand. Aber: Im Zusammenhang mit diesem unvergeßlichen Augenblick, dem deutschen Fußballsieg über Ungarn, im Berner Wankdorf-Stadion am 4. Juli 1954, brach sich diese Empfindung bereits die Bahn. Verständlicherweise, wird man hinzusetzen müssen, denn in jeder großen Fußballnation – in Brasilien ebenso wie in Argentinien oder Uruguay, in Spanien wie in Italien oder England – hätte es ein solcher Sieg an sich, daß er das nationale Gefühl anfacht.

Hinzu kam folgendes: Nach Jahren der Leiden, des Schreckens, der Entbehrungen hatten die Deutschen, die apolitischen Deutschen, jetzt die Gelegenheit, sich mit einem Ereignis zu identifizieren, das positiv war, das sie beklatschen durften, das zur Identifizierung geradezu einlud. Denn diese sogenannten Heroen von Bern waren ja friedliche Helden. Sie trugen dazu bei, daß Deutschland, das ja nach wie vor beargwöhnt war, in die Familie der Völker zurückkehren konnte. Sie bauten an einem Stück Normalität mit, nach der man sich sehnte, sie schweißten die Nation geradezu zusammen. Das entsprach einem tiefen Bedürfnis, das kam einer Sehnsucht entgegen, und insofern hatte das auch seinen gesellschaftspolitischen Stellenwert.

Womit eine Nation sich identifiziert hat und was danach über viele Jahre hinweg etwas Anerkanntes geworden ist, das bleibt im kollektiven Gedächtnis aufgehoben, daran erinnert man sich gern, darüber freuen sich die Menschen. Diese Nationalelf, die in Bern auflief und siegte, bestand ja aus Amateuren und Halbamateuren. Sie luden breite Massen zur Identifizierung geradezu ein. Das waren keine hochdotierten Stars, die in einer anderen Welt lebten, sondern das waren die Männer von nebenan, die noch ganz normale Berufe hatten, oder diese über Jahre ausgeübt hatten. Sie entstammten genau dem Milieu der sie umjubelnden Anhänger, und insofern verkörperten sie Alltag und Triumph in einem. Das ist etwas, woran sich diejenigen erinnern, die das noch erlebt haben, und das ist etwas, wovon diejenigen etwas wissen wollen, die später geboren worden sind. Der Fußball hat etwas Überzeitliches an sich, das Menschen ganz verschiedener Generationen und Schichten miteinander verbinden kann.

Erich Klaila

Herr Müller begrüßt Fritz Walter im Frankfurter Stadion
Ein Wiedersehen nach sechzehn Jahren

Beim Erwachen war ihm zumute wie drei Minuten vor Weihnachten. Mit einem einzigen Satz sprang Herr Müller, in Bornheim geboren und daheim, aus dem Bett.

Den guten Schlips oder – erkundigte sich die Frau.

Herr Müller entschied sich für den guten. Dann setzte er seinen grauen Hut auf und machte sich auf den Weg zum zweiten Länderspiel seines Lebens. Das erste Länderspiel hat er vor mehr als sechzehn Jahren gesehen: ein 9:3 gegen Rumänien, auch in Frankfurt. Damals war der Herr Müller noch nicht der Herr Müller, sondern ein fünfzehnjähriger Bub. Zusammen mit anderen Buben lag er hinter dem Tor der Rumänen und wartete darauf, daß die deutschen Stürmer das Tor recht oft fanden. Als die Mannschaftsaufstellung bekanntgegeben wurde, sahen die Buben einander fragend an.

Mittelstürmer Fritz Walter? Nie gehört!

Der neue Mittelstürmer der Nationalelf war nicht viel älter als die Buben hinter dem Tor. Er wirkte ein wenig schüchtern. Herr Müller, damals noch der kleine Müller, hatte nicht viel Zutrauen zu dem Neuen. Aber dann schoß der Neue drei Tore. Von einem dieser Tore schwärmte der kleine Müller noch, als er schon längst der Herr Müller war.

Während Herr Müller an der Bergerstraße auf die Straßenbahn wartete, stand Fritz Walter vielleicht gerade vor der Unterschweinstiege und studierte das Wetter. Der kalte und klare Novembertag gefiel ihm. Wenn man keine neunzehn mehr ist, wie damals in Frankfurt, bekommt einem beim Fußballspielen ein Tag im November besser als jener wunderbare Sommertag des Jahres 1940.

Seltsam ist es natürlich schon: Nach mehr als sechzehn Jahren nochmals dort zu spielen, wo alles angefangen hat. Man vermag sich nicht mehr an jede Einzelheit der vielen Länderspiele zu erinnern, die seitdem gewesen sind. Da geht es einem ein wenig wie einem Mann, der in seiner Jugend den Frauen sehr zugetan gewesen. Ein solcher Mann kann nach sechzehn Jahren auch nicht mehr auf Anhieb sagen, ob die siebzehnte Freundin Elfriede oder Marga hieß. Aber an eine wird er sich noch am letzten Tag seines Lebens genau erinnern können: an die erste.

So ist es auch nach mehr als fünfzig Länderspielen: Vom ersten weiß man noch alles. Man weiß es noch, als wäre es erst gestern gewesen, daß der linke Nebenmann der Hahnemann war, der von der Wiener Admira, und rechts stürmte der Fiederer. Sie spielen längst nicht mehr: und auch die anderen, mit denen man früher zusammen gespielt hat, sind gegangen.

Er, Fritz Walter, ist der Letzte der Mohikaner!

Als der Herr Müller aus Bornheim ins Stadion kam, konnte man sich in den Stehkurven noch ziemlich frei bewegen. Er brachte erst mal seinen Hut in Ordnung, der in der überfüllten Straßenbahn ziemlich gelitten hatte. Dann kam er mit einem Mann ins Gespräch, von dem sich herausstellte, daß er aus Schwanheim war. Nach einer Viertelstunde waren sich der Bornheimer und der Schwanheimer einig, daß es für das erste Länderspiel im umgebauten Frankfurter Stadion eigentlich gar keinen besseren Gegner als die Schweiz geben konnte.

Wo uns doch die Schweizer nach zwei Kriegen als erste die Hand gereicht haben, sagte der Schwanheimer. So etwas darf man niemals vergessen!

Sie verloren kein Wort mehr über ihre Enttäuschung im September, als das Rußlandspiel nach Hannover vergeben wurde. Die beiden Frankfurter taten so, als hätten sie die Auswahl gehabt: Rußlandspiel oder die Schweiz? Aus moralischen Gründen hatten sie sich für die Schweiz entschieden!

Die Mannschaften liefen ein. Das Wiedersehen mit Fritz Walter verwandelte Herrn Müller von jetzt auf nachher: Plötzlich schien er wieder der fünfzehnjährige Bub zu sein, der vor sechzehn Jahren hinter dem Tor lag. Wenn die deutsche Mannschaft in Richtung der Kurve stürmte, in der Herr Müller stand, kam es dem Mann aus Bornheim so vor, wie wenn Fritz Walter was suchte. Der Angriff der Deutschen war schon abgewehrt, doch Fritz Walter stand noch auf dem gleichen Fleck. Sein Blick zum Schweizer Tor hin ließ Herrn Müller denken, daß sich der Kapitän ein wenig wunderte, diesmal den kleinen Blonden nicht zu sehen, der damals hinter dem Tor lag.

Herr Müller hätte in solchen Augenblicken am liebsten seinen Hut geschwenkt und gerufen: Hier bin ich, Fritz! Diesmal bin ich hier, nicht hinter dem Tor!

Herr Müller war fest davon überzeugt, daß sich der Kapitän arg gefreut haben würde, ihn wiederzusehen.

Als Fritz Walter einmal zwei Gegner scheinbar mühelos abschüttelte und seinen Nebenmann großartig anspielte, sagte der Mann aus Bornheim zu dem aus Schwanheim: Das macht ihm immer noch keiner nach!

Nach Halbzeit ging es beim Kapitän stellenweise etwas zögernder zu. Der Schwanheimer machte eine Bemerkung darüber. Doch da wurde Herr Müller beinahe heftig. Alles nur Taktik, sage ich ihnen! Der Puskas spielt genauso: wenig laufen, immer lauern! Wie ein Irrsinniger auf dem Platz rumrennen, das kann doch jeder!

Allmählich sah es jedoch auch Herr Müller: Der Held vieler Fußballschlachten war müde geworden. Ist ja auch kein Wunder, dachte der Mann aus Bornheim. Er begann nachzurechnen. Damals, beim ersten Spiel in Frankfurt, war ich also fünfzehn Jahre alt. Vier Jahre später hatte ich meine erste

Freundin, die Sigrid. Noch ein Jahr später kamen die Amerikaner und haben mir die Sigrid weggeschnappt. Jetzt ist sie in Chikago verheiratet und hat schon drei Kinder, und der Fritz Walter spielt immer noch.

Nach der Pleite mit der Sigrid hatte ich erst mal für zwei Jahre die Nase voll. Dann habe ich mit der Anni angefangen. Ein Jahr später haben wir uns verlobt. Ich war mittlerweile dreiundzwanzig geworden, und der Fritz Walter spielte immer noch. Wieder ein Jahr später haben die Anni und ich geheiratet. Gleich darauf kam der Jochen zur Welt, drei Jahre später der Peter. Der Jochen geht längst zur Schule, der Peter ist auch schon aus dem Gröbsten raus, und der Fritz Walter spielt immer noch!

Das Spiel war aus, die Mannschaften liefen vom Platz. Fritz Walter ging etwas schleppend, als hätte er Blei an den Füßen.

Komische Welt, dachte Herr Müller. Damals, vor sechzehn Jahren, als der Fritz Walter noch jung war, sind die Leute nach dem Spiel auf den Platz gelaufen und haben den Fritz auf den Schultern hinausgetragen: Jetzt, wo dem Kapitän nach einem Spiel jeder Schritt schwerfällt, läßt man ihn laufen!

Der phantastische „Alte Fritz":
„Kerls, soll ich denn ewig weiterspielen?"

Nein! Am 20. 6. 59 nahm er Abschied vom aktiven Fußball.

Für einen Augenblick verstand Herr Müller die Welt nicht mehr. Dann nahm er, als letzten Gruß an Fritz Walter und wie zum Abschied von der eigenen Jugend, den Hut vom Kopf. Er bemerkte es wieder, daß der Hut ziemlich gelitten hatte.

Er dachte: Ich muß mir morgen einen neuen Hut kaufen. Dann ging er langsam Richtung Straßenbahn.

Gerhard Seehase

Über die Kunst, Fritz Walter *und* Nationalmannschaften zu führen

Er nannte ihn einen »Künstler« und ergänzte: »Nur vergleichbar mit den ganz Großen des internationalen Fußballs wie di Stefano oder Hidegkuti.« – Sepp Herberger über Fritz Walter. Der Meister und sein Schüler; das am besten funktionierende Gespann, das der deutsche Fußball jemals besaß.

Herberger hatte das Glück, in Fritz Walter einen Mann zu finden, den er für die Nationalmannschaft brauchte; dem er seine taktischen Vorstellungen anvertrauen konnte, ohne Gefahr laufen zu müssen, mißverstanden zu werden.

Wer die Leistung des überragenden Spielers Fritz Walter zu werten versucht, kann den Mann hinter den Kulissen, Sepp Herberger, schwerlich ausklammern. Hier ging der Kontakt weit über das übliche Trainer-Spieler-Verhältnis hinaus. Im Herbergerschen Management hatte Fritz Walter die Prokura auf dem Spielfeld. Herberger konnte auch als Trainer weitgehend »mitspielen«, weil ihm auf dem Platz in Fritz Walter ein Gedankenübertrager zur Verfügung stand.

Herberger: »Es war wohl deshalb, weil unsere Antennen so fein aufeinander abgestimmt waren.«

Möglich wurde diese sich auf Zuneigung und Autorität gründende Zusammenarbeit, weil sich Trainer und Spieler auf derselben Wellenlänge bewegten. Für Fritz Walter war die Anrede »Chef« eine Selbstverständlichkeit; und es handelt sich dabei keineswegs um eine nur joviale, sondern vielmehr um eine durchaus respektvolle Verbeugung vor dem ehemaligen Lehrmeister. Es ist die Hochachtung vor der Respektsperson, von der Jupp Posipal, ebenfalls Mitglied des berühmten Weltmeisterschaftsteams von 1954, sagt: »Wir waren ihm alle hörig.«

Fritz Walter akzeptierte die Autorität Herbergers aus Überzeugung. Aber es wäre völlig falsch, daraus zu schließen, daß der Schüler an den Rockschößen des Lehrmeisters gehangen hätte. Herberger suchte keine Hilfswilligen für eine taktische Schablone, er schickte keine Satelliten auf eine vorherberechnete Umlaufbahn des Erfolgs.

Er suchte die Mannschaft, in der sich jeder Spieler im Rahmen einer taktischen Ordnung ohne spielerische Zwänge frei bewegen konnte.

Herberger: »Darin liegt ja die Kunst eines Trainers; zu wissen, was er seinen Spielern zumuten kann, ohne sie in eine Zwangsjacke zu stecken. Das Können entscheidet, nicht das Schema. Die Qualität der einzelnen Spieler rangiert vor jedem noch so ausgeklügelten System.«

Herberger hatte diese Idee eines synchron laufenden Teams, in dem selbst ein so eigenwilliger Spieler wie Helmut Rahn ungebremst funktionieren konnte, 1954 realisiert. Er war mit einer Mannschaft, in der fünf Spieler des 1. FC Kaiserslautern standen, Weltmeister geworden. Fritz Walter wurde dabei zur sportlichen Inkarnation dieser Idee: Er interpretierte Fußball als Kunst einer Improvisation, die sich im Rahmen einer taktischen Ordnung verwirklichte.

Man hat immer wieder gefragt, ob die autoritäre Art eines Sepp Herbergers der Nationalmannschaft von heute besser bekäme als die demokratische Longe-Taktik seiner Nachfolger. Tatsache ist, daß sich mit den spielbestimmenden Persönlichkeiten der derzeitigen deutschen Nationalmannschaft ein ähnliches Vertrauensverhältnis zwischen Bundestrainer und Spieler nicht anbietet.

Schön/Beckenbauer oder Schön/Netzer oder Schön/Overath – da war immer mehr Distanz im Spiel als im Verhältnis Herberger/Walter.

Herberger hatte es – andererseits – schwerer, weil er vor der Einführung der Bundesliga in der Nationalmannschaft unablässig für das Fehlen einer konzentrierten Spitzenklasse kompensieren mußte. Man hatte sich fast daran gewöhnt, daß es Herberger alle vier Jahre gelang, kleine Fußball-Wunder zu vollbringen und bei den jeweiligen Weltmeisterschaften für den periodischen Höhenflug des in vier Oberligaklassen geteilten deutschen Spitzenfußballs zu sorgen. Man vergaß dabei, daß es ihm nur deshalb gelingen konnte, weil er in seinen Vorbereitungskursen jedesmal eine Abart just jener konzentrierten Spitzenklasse ins Leben rief, die dem deutschen Fußball bis 1963 fehlte.

So wird es verständlich, daß Herberger, nach seinen eigenen Worten, »wie ein Löwe kämpfte«, um eine Nationalmannschaft auch gegen die öffentliche Meinung durchzupauken. Es entsprach dieser Herbergerschen Grundhaltung, daß er 1954 selbst dann noch an dem Kaiserslauterer Block festhielt, als der 1. FC Kaiserslautern im Hamburger Finale der Deutschen Fußballmeisterschaft gegen Hannover 96 sensationell mit 1 : 5 Toren unterlag.

Sepp Herberger suchte schon damals – wie später dann genauso Helmut Schön – in der Nationalmannschaft die spielerische Mitte zwischen Kondition und Technik. Er suchte also den Allroundspieler, der in der Abwehr, im Aufbau und im Angriff gleichermaßen perfekt sein sollte. Und er fand diesen Typ – man nennt ihn heute »Mittelfeld-Spieler« – in Fritz Walter.

Sepp Herberger meint, daß ein Fritz Walter mit seinen spielerischen Qualitäten von damals auch heute noch einer der ganz Großen sein würde. Und er spricht ihm, gegenüber den meisten Mittelfeldspielern von heute, noch einen entscheidenden Vorzug zu: »Er ging auch vorn mit 'rein.«

In seinen 61 Länderspielen schoß Fritz Walter 33 Tore. Fritz Walter, der Bescheidene, der – auch in seiner Meinungsäußerung – vorsichtig Zurückhaltende, wandelte sich auf dem Platz zu einer starken, spielbestimmenden Persönlichkeit.

Er dachte meistens einige Spielzüge weiter als seine Mitspieler. Seine Begabung, den Ball präzise wie eine Billardkugel zu adressieren, seine Fähigkeit, Kontrollfunktionen auszuüben, ohne – Blick abwärts – den Ball an seinen Füßen kontrollieren zu müssen, das alles machte ihn frei für den Überblick, selbst in verworrenen Spielsituationen. Fritz Walter besaß alle Merkmale einer Spielerpersönlichkeit, deren Kriterium Sepp Herberger klar umriß: der Umgebung den Stempel des eigenen Spiels aufzudrücken.

Jede Nationalmannschaft von Klasse wird von solchen Spielerpersönlichkeiten bestimmt, die bereit sind, sich für das Spiel verantwortlich zu fühlen; die – nach Herberger – »die Deckenbeleuchtung einschalten«, damit es beim Gegner brennt, oder die sie abschalten, um Kräfte für eine entscheidende Phase zu sammeln.

Von Fritz Walter ging die Initialzündung aus. So entschieden sich dieser intelligente Spieler nach den taktischen Wünschen eines Sepp Herberger orientierte, auf dem Platz war er der Freigelassene, der selbst zu entscheiden hatte, was richtig oder falsch war.

Fritz Walter war also damals der Prototyp des modernen Fußballspielers, und er wäre es auch heute noch. Man hätte ihn nur mit einem anderen Titel ausstatten müssen, mit dem des »Mittelfeldspielers«.

Fritz Walter wurde in beiden Strafräumen gesehen, im eigenen und in dem des Gegners. Er schoß Tore auf der einen Seite, und verhinderte sie auf der anderen. Herberger freut sich heute noch diebisch, wenn er daran denkt, »wie der Fritz dem Hidegkuti im Finale den Ball kurz vor dem Torschuß vom Stiefel schnippelte«.

Fritz Walter war auch in der Abwehr der sichere Anspielpunkt für die bedrängten Kollegen, er war auch in bedrohlichen Situationen dem Spiel meistens gedanklich voraus. Man durfte somit – vom Standpunkt des Gegners – einen Fritz Walter auch nicht hinter der Mittellinie aus den Augen verlieren, wollte man keine unliebsamen Überraschungen erleben. Denn der Angriff begann bei Fritz Walter häufig genug in der eigenen Abwehr.

Man hat immer wieder gefragt – und die Ungarn fragen sich's vermutlich heute noch –, wie es dazu kommen konnte, daß die deutsche Nationalelf im Berner Weltmeisterschaftsfinale 1954 gegen die beste Mannschaft aus der ersten Hälfte der fünfziger Jahre, gegen das ungarische Nationalteam, mit 3 : 2 Toren gewinnen konnte.

Es gibt zweifellos die verschiedensten Gründe. Aber einen der wesentlichsten nannte Herberger, indem er verschmitzt lächelnd erzählte: »Also der Boszik spielte damals offensiv herum und ließ Fritz Walter nach Gefallen laufen. Da wußte ich, sie hatten sich wegen uns keine Gedanken gemacht.«

Wie sollten sie auch, nachdem sie die deutsche Nationalelf kurz vorher in Basel mit 8 : 3 Toren abgekanzelt hatten. Was störte es sie, daß Herberger, der Fuchs, in Basel mit einer anderen Formation aufmarschiert war.

Die Ungarn, die jahrelang gegen die besten Mannschaften der Welt ungeschlagen geblieben waren, durften erwarten, daß sie auch der deutschen Nationalelf, gleichgültig in welcher Aufstellung diese antrat, »den Stempel ihres Spiels« würden aufdrücken können. Sie hatten sich verrechnet. Nicht aus Überheblichkeit, sondern deshalb, weil sie den spieltaktischen Details der deutschen Mannschaft nicht genügend Aufmerksamkeit schenkten. Dazu gehörte zweifellos eine etwas zu großzügige Einstellung gegenüber dem »Spielmacher« der deutschen Elf, Fritz Walter.

Die deutsche Nationalmannschaft von 1954 verkörperte Pflichten und Freiheiten, geplante und improvisierte Aktionen, Mannschaftsspiel und Einzelleistung in einem überraschend

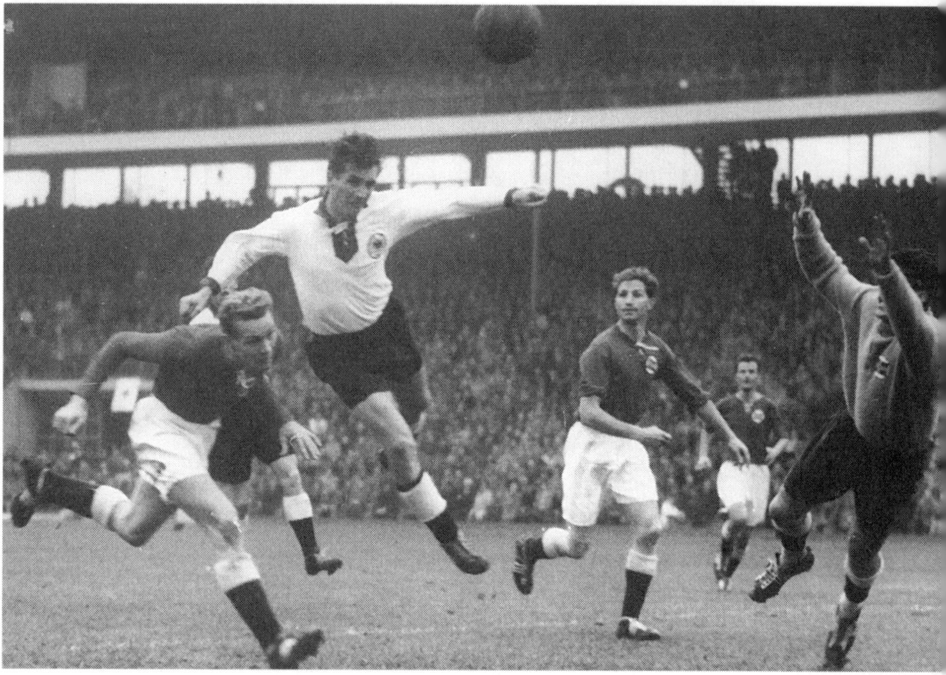

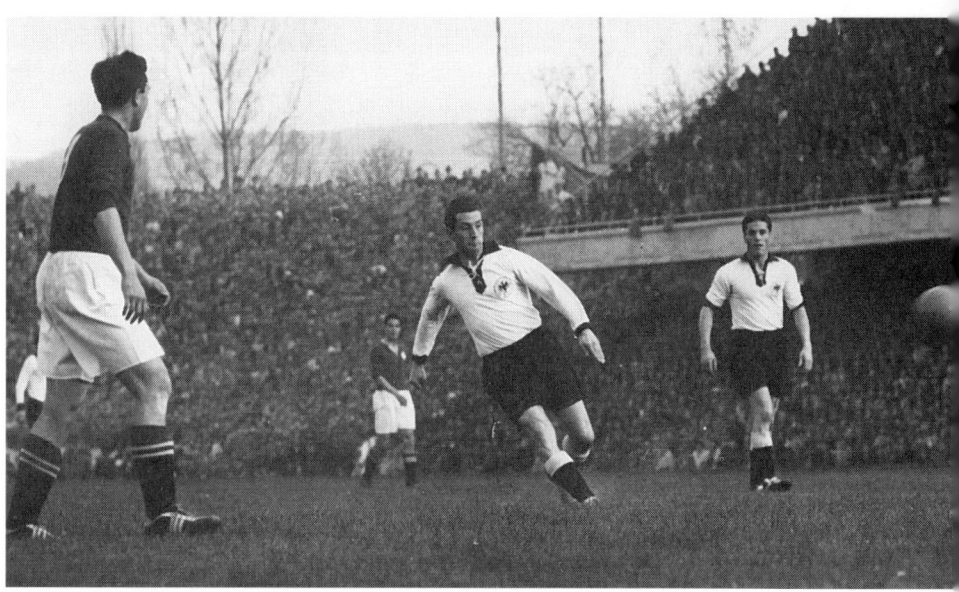

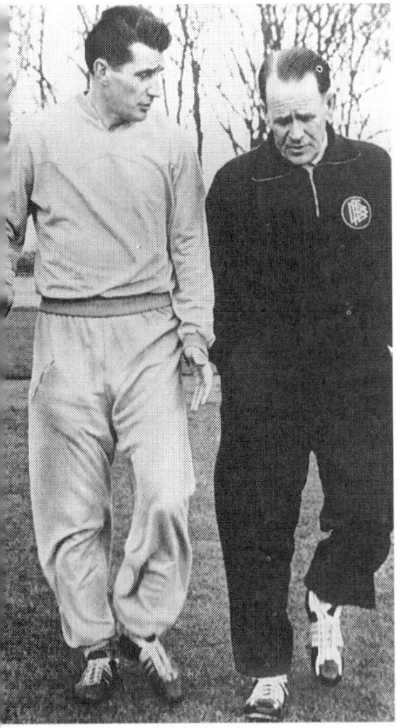

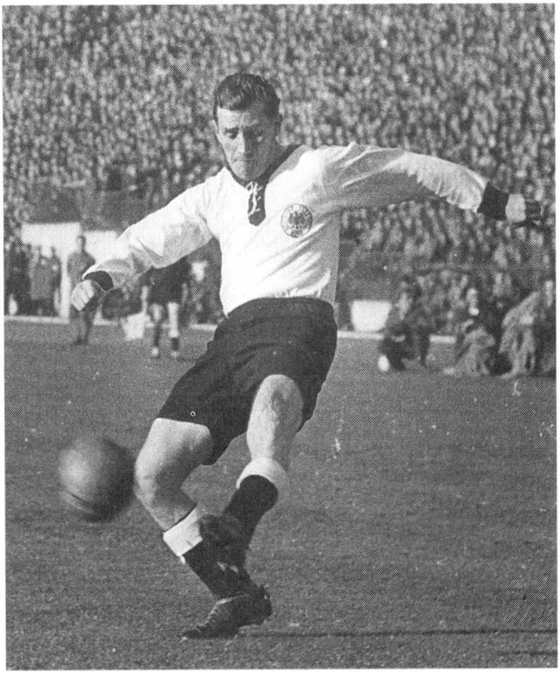

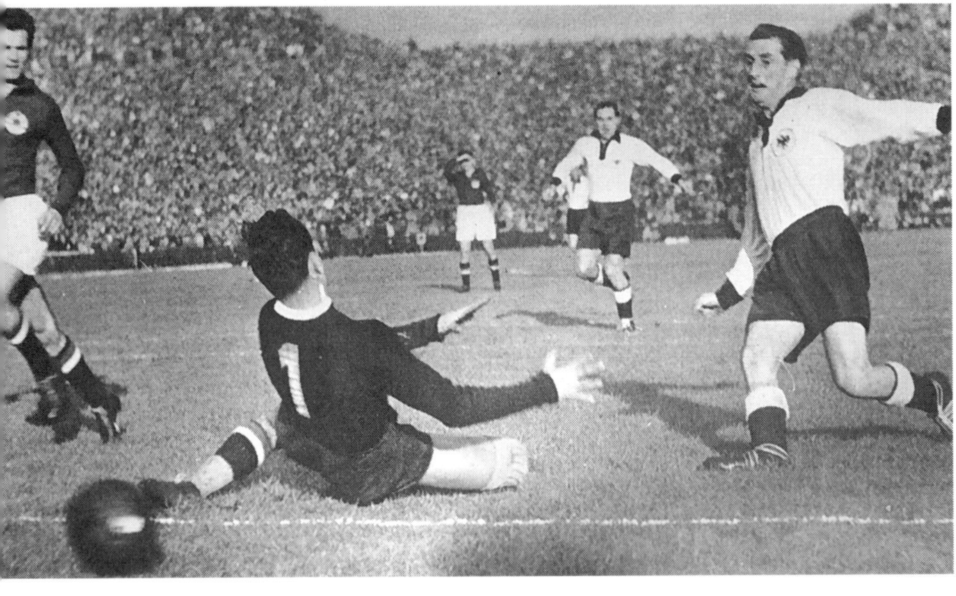

bunten Wechsel. Daß in diesem spielerischen Mosaik trotzdem die Farbanschlüsse stimmten, dafür sorgte vor allem Fritz Walter.

Es kommt nicht von ungefähr, daß viele der Herbergerschen Weisheiten, die als Gebrauchsanweisung für den modernen Fußball nach wie vor »up to date« sind, wie maßgeschneidert auf Fritz Walter passen.

Herberger: »Der Reiz des Torgewinns ist eine ständige Ermahnung, den Zweikampf nicht zum Selbstzweck werden zu lassen, sondern in ihm nur einen durch die Umstände aufgezwungenen Aufenthalt auf dem Wege zum Tor zu sehen.«

Fritz Walter ging Zweikämpfen nach Möglichkeit aus dem Weg; er verbiß sich nicht in hoffnungslose Unternehmungen und sah in einer torreifen Situation immer den besser stehenden Nebenmann.

Herberger: »Gut eingespielte Paare sind eine der stärksten Waffen des Angriffsspiels gegen jede noch so gut organisierte und erst recht gegen eine massierte Abwehr.«

Dieses spielwirksame »Paar« hatte Herberger zum Beispiel in Fritz und Ottmar Walter. Ottmar, kein »Künstler« wie sein Bruder, eher ein Draufgänger, war die spielerische Ergänzung für Fritz Walter in der vordersten Linie des Angriffs. Ottmar Walter war der mannschaftsdienlichste Mittelstürmer, den Herberger sich wünschen konnte. Allein die zahlreichen Kopfballtore, die Ottmar nach den präzisen Eckbällen seines Bruders erzielte, ließen die große Bedeutung eines eingespielten »Paares« erkennen.

Herberger: »Die spielerische Überlegenheit des ballführenden Mannes zeigt sich im direkten Abspiel ebenso wie im Ballhalten, in der Abgabe auf den Fuß des Mittelspielers genauso wie im Paß in den freien Raum, im geraden Stoß wie im Effetball, im Drehen und Wenden, mit dem neuer Spielraum gesucht wird, ebenso wie im Dribbling, mit dem man den Mitspieler freizuspielen versucht.«

Fritz Walter lieferte geradezu Musterbeispiele dieser Fähigkeit, mit dem Ball am Fuß in jedem Tempo gehen zu können, ohne die Übersicht zu verlieren. Der Paßball kam wie an der Schnur gezogen haargenau; bei Freistößen verstand er es, den Ball mit Effet gleichsam um die Ecke zu zirkeln. Eckbälle, Freistöße, Vierzig-Meter-Pässe, Fritz Walter konkretisierte die Ingredienzen des Spiels mit außerordentlicher Präzision. Wer von Fritz Walter »auf die Reise geschickt« wurde, lief kaum umsonst; der Ball wurde ihm meistens maßgerecht vor die Füße gespielt.

Herberger: »Alle Übungen enden in der Konditionsarbeit. So wichtig die Herrschaft über den Ball und die Meisterschaft in taktischen Dingen ist, nicht minder wichtig ist die Kondition. Ballkunst und taktisches Verständnis sind ohne Konditionen wie ein Motor ohne Brennstoff.«

Fritz Walter wäre auch in dieser Hinsicht heute noch ein »moderner Spieler« gewesen. Er konnte für seine Mannschaft »Tempo machen«, ohne fürchten zu müssen, in den letzten zehn Minuten eines Spiels hinterherzulaufen.

Er war ein Meister in der Kunst der Vorbereitung auf einen bestimmten Zeitpunkt hin, auf ein bestimmtes Ziel. Herberger konnte sich darauf verlassen, daß sein Musterschüler topfit am Start erschien. Und er konnte sich darauf sogar noch 1958 bei der Weltmeisterschaft in Schweden verlassen.

Fritz Walter war, trotz seines für einen Leistungssportler relativ hohen Alters, im schwedischen Weltmeisterschaftsturnier noch einmal »voll da«. Mit 38 Jahren erfüllte er tatsächlich die hochgespannten Erwartungen. Es gelang ihm, wieder zur spielbestimmenden Persönlichkeit in der deutschen Mannschaft zu werden. Die neue Generation, durch einen Uwe Seeler repräsentiert, wurde durch Fritz Walter in das Ensemble der Nationalmannschaft eingeführt.

Die deutsche Nationalmannschaft erreichte das Halbfinale gegen Schweden und verlor in Göteborg mit 1 : 3 Toren. Fritz

Walter wurde in diesem Spiel erheblich verletzt; die deutsche Mannschaft stand schließlich auf verlorenem Posten, als man nach dem Platzverweis von Juskowiak nur noch zehn Mann auf dem Spielfeld hatte. Im Spiel um den dritten Platz – 3 : 6-Niederlage gegen Frankreich – war Fritz Walter nicht mehr dabei.

Dreimal nahm der sensible Fritz Walter Abschied von der Nationalmannschaft. Zweimal kehrte er zurück. Und jedesmal mußte Sepp Herberger ihn dazu überreden. Beim drittenmal, 1962 vor der Weltmeisterschaft in Chile, mußte auch der »Chef« (»ich hätte ihn gern dabeigehabt«) passen.

Fritz Walter trug das Trikot der deutschen Nationalmannschaft im Weltmeisterschaftsspiel 1958 gegen Schweden zum letztenmal.

Dietrich Weise

100 000 in Leipzig
Damals, anno '56 – in der DDR

Diese Geschichte spiegelt auch ein kleines Kapitel Zeitgeschehen wider, weil es nicht nur mit Sport, sondern auch mit Politik zu tun hat. Im damaligen Verhältnis der »beiden deutschen Staaten« haben wir in der DDR ein Fußballtreffen Wismut Aue – 1. FC Kaiserslautern sofort mit der Hoffnung auf Annäherung oder gar Öffnung verbunden. Im allgemeinen blieb die deutsch/deutsche Grenze in den fünfziger Jahren auch für Spitzensportler ein nur schwerlich zu überwindendes Hindernis. Kontaktsperren wurden 1956 quasi zwangsläufig gelokkert, als das IOC eine gemeinsame Olympiamannschaft und -delegation unter *einer* Flagge für die Spiele in Melbourne forderte. Im innerdeutschen Sportverkehr bahnten sich fast gleichzeitig Verbindungen auf der unteren Ebene an. Kleinere Spiele, kurzzeitige Kontakte blieben aber ohne konstante Kommunikation. Wie eine Sensation wirkte in dieser Situation eine Drei-Zeilen-Meldung, daß der 1. FC Kaiserslautern zu einem »internationalen« (!) Vergleich im Leipziger Zentralstadion gegen Wismut Aue antreten wird. Ein ganz normales Fußball-Freundschaftsspiel wurde durch die übliche Funktionärsformel zu einer internationalen Begegnung hochgejubelt.

Ich war ein Fußball-Verrückter, Nachwuchsspieler bei Fortschritt Weißenfels und Traktor Teuchern, und ich arbeitete in einer Fabrik zur Produktion landwirtschaftlicher Maschinen. Der 1. FC Kaiserslautern in Leipzig, zwei Jahre nach dem Gewinn der Weltmeisterschaft »westdeutscher« Fußballer. Fünf aus dieser WM-Elf konnte man also sehen, erleben, bestaunen: Fritz und Ottmar Walter, Liebrich, Eckel, Kohlmeyer und außerdem den Neu-Nationalspieler Karl Schmidt.

Wir, die Fans in der DDR, bildeten uns ein, alles über den westdeutschen Fußball zu wissen, doch in Wirklichkeit blieben unsere Informationsmöglichkeiten beschränkt. Fachzeitschriften hängten zwar Kurzkommentare an die Resultate der Oberligen Süd, Südwest, West und Nord an, aber die waren uns nie genug.

Wenn Sportzeitschriften aus der Bundesrepublik hin und wieder eingeschmuggelt werden konnten, wurden sie von Hand zu Hand weitergegeben; von Hunderten gelesen waren sie oft fünf bis sechs Wochen alt, bis man sie zu Gesicht bekam. Die Masse hörte Radioreportagen süddeutscher Sender und des Rias Berlin. West-Fernsehen war nicht zu empfangen, das DDR-Fernsehen befand sich in der »Entwicklungsphase«. Ab 1954 konnte man offizielle Bestellungen für Fernsehgeräte des Typs »Leningrad« aufgeben. Zwei Jahre Wartezeit. »Wichtige« Genossen durften Bezugsscheine ausfüllen oder Dringlichkeitsanträge stellen, die von den Betrieben oder Organisationen abgestempelt werden mußten. Wartezeit dann nur ein bis zwei Monate. Ab 1956 produzierte die DDR-Technik einen eigenen Apparat: »Rembrandt« wurde in Radeberg bei Dresden gebaut.

Der DDR-Fernsehfunk übertrug am 6. Oktober 1956 das Leipziger Spiel live. Empfänger für die Öffentlichkeit standen in Kulturhäusern und in ein paar Kneipen. Der Bildschirm hatte besseres Postkartenformat, nämlich 27 cm in der Diagonalen. Miserable Lichtverhältnisse im Stadion beließen die Spielfeldmitte in einer Grauzone und brachten nur an den Ecken und Rändern die erforderliche Helligkeit zur Spielübersicht. Deshalb sind auch die Fotos des Fritz-Walter-Wundertreffers nicht gerade von brillanter Qualität.

Die Hunderttausend im Leipziger Zentralstadion hatten aber ein Live-Erlebnis bester Güte, denn das Gastspiel des

1. FC Kaiserslautern geriet zu einer Galavorstellung der Extraklasse. Der Gegner, Wismut Aue, DDR-Landesmeister von 1956, zeigte sich als ein sehr spielstarkes »Kollektiv« und war ein fast ebenbürtiger Partner. Tagelang hatten sich die Menschen im eingeschränkten und gelenkten Vorverkauf um die Tickets gerissen. Die Vereine verteilten keine Karten; die wurden durch die Einheitsgewerkschaft über die Betriebe zugeteilt. Vertrauenssache. Verdienstvolle Leute hatten Vorrang, aber irgendein Funktionär beglückte mich, den Fußball-Verrückten, mit einer Karte, die ich wie ein vorzeitiges Weihnachtsgeschenk empfunden habe.

Auf einem offenen Lastwagen sind wir bei strömendem Regen von Weißenfels nach Leipzig und so auch wieder zurückgefahren. Kalt war's, und durchnäßt haben wir im Stadion ohne Tribüne gefroren wie die »jungen Hunde«. Aber wir konnten hinterher sagen, wir sind dabeigewesen. In einer Kurve standen wir, weitab vom Geschehen, doch da hat keiner gefragt, siehst du gut oder schlecht oder gar nichts. Wir waren anspruchslos und schon dankbar, inmitten von 100 000, eng gedrängt und eingezwängt, einiges mitzubekommen. Sicher war es ein besonderes Pech für mich, daß ich auf der »falschen« Seite stand und nicht hinter jenem Tor, vor dem Fritz Walter zu seinem Kunstschuß mit dem Absatz ansetzte.

Trotz aller Einschränkungen und widriger Umstände erlebten wir eine glanzvolle Darbietung modernen Fußballs. Dazu trugen beide Mannschaften bei, die stürmisch, enthusiastisch und frenetisch gefeiert wurden, fast über Gebühr allerdings der 1. FC Kaiserslautern. Manchmal taten mir die Spieler von Wismut leid, denn die Masse feuerte demonstrativ die Gäste an. Ich habe selbst mitgemacht, mitgeschrien und mich dann in der nächsten Minute wieder gefragt, warum 90 Prozent der Zuschauer auf seiten der Pfälzer standen. War das ein Signal, ein Ventil, weil wir sonst keine Möglichkeit hatten, unsere Sympathien für den Westen zu äußern oder gar kundzutun?

Nur die Experten hatten Augen für Aue, für Siegfried und Karl Wolf, für den einarmigen Willy Tröger, der fünfzehn Mal für die DDR spielte, und für Manfred Kaiser (31 Auswahlspiele), ein Typ wie Fritz Walter, wenn auch eine Nummer kleiner. Manfred Kaiser redet heute noch daheim in Gera von diesem Spiel, obwohl er mit Fußball nichts mehr zu tun haben will. Beide Mannschaften spielten sich unter den pausenlosen Anfeuerungsrufen in einen Rausch, das Resultat von 5 : 3 für den 1. FCK war zweitrangig geworden. Wismut hatte schnell 1 : 0 geführt, geriet mit 1 : 4 in Rückstand, kam aber bis zur Halbzeitpause auf 3 : 4 heran. Die Aufholjagd wurde so stürmisch beklatscht wie die technische Brillanz der Lauterer gefeiert und mit Beifallsstürmen bedacht wurde.

Fritz Walters Wundertor ist schnell erzählt, denn es entsprang einer Sekundensituation mit Blitzreaktion: Eckstoß von der rechten Seite, Fritz hechtete waagerecht in der Luftlinie in die Flugbahn hinein, um zum Kopfball anzusetzen, erkannte dabei, daß er den Ball, der leicht nach hinten abdriftete, so

Das »Jahrhundert-Tor« von Leipzig in drei Phasen:
Fritz Walter, mit gestrecktem Bein waagrecht in der Luft –
trifft mit der rechten Hacke – landet auf dem Bauch,
der Ball fliegt hoch ins Tor.

nicht erreichen würde. Also nahm er ihn mit dem nach hinten gestreckten Bein und zog die Kugel mit dem Absatz über den Torhüter ins Netz, oben in den Winkel. Fritz landete auf dem Bauch, was seinem ästhetischen Empfinden widersprach. Die Zuschauer waren eine Sekunde lang perplex, aber dann brach der Beifall orkanartig los. Die Menschen schienen außer Rand und Band zu geraten. Ich stimme dem früheren DDR-Fernseh- und Radioreporter Wolfgang Hempel zu, der heute immer noch behauptet, dies sei das »wirkliche Tor des Jahrhunderts« gewesen. Seine Begründung: Eine solch artistische Attraktion hat vorher noch keiner geboten, und sie wird auch kaum wieder zu sehen sein. Er nennt den Treffer deshalb das Tor des Jahrhunderts, weil er »mit der Hacke in Bauchlage und nicht wie andere Fallrückzieher in Rückenlage mit dem Spann erzielt« wurde. Die präzise journalistische Formulierung eines Fachmanns. Keiner konnte den Jubel im Stadion dämpfen. Die Zuschauer ließen ihren Gefühlen freien Lauf, obwohl die V-Leute zwischen den einzelnen Gruppen alle Vorgänge und Reaktionen mit Argusaugen beobachteten.

Hinter den Sympathiekundgebungen verbarg sich mehr als nur Fußballeuphorie. Die DDR-Zeitungen zogen nach und berichteten ausführlicher als sonst üblich über diese »internationale Veranstaltung«. Einer meiner Bekannten hat die »Fußball-Woche« mit den Artikeln bis zum heutigen Tag aufgehoben. Für ihn mehr als nur Souvenir, eine wertvolle Dokumentation. Die Einleitung zum Spielbericht könnte jetzt, fast vierzig Jahre danach, leicht mißverstanden werden, wenn man liest, daß DDR-Sportjournalisten damals die »unselige Spaltung... und zwei selbständige Staaten« beklagen. Sicher haben sie sich eine eventuelle Wiedervereinigung 1956 unter anderen Vorzeichen gedacht als sie 1989/90 erfolgte.

Die Mitarbeiter der »Fußball-Woche« (Untertitel: Organ der Sektion Fußball der Deutschen Demokratischen Republik) formulierten am 9. Oktober 1956 »zeitgemäße« Betrachtungen und stilvolle Reminiszenzen zu diesem Ausnahmeereignis, die auch heute noch lesenswert sind. Politische Polemik von Brisanz einerseits, feuilletonistische Formulierungen von Brillanz andererseits.

Aus dem Hauptbericht: »*... Werden die neunzig Minuten das bringen, was wir uns erhoffen: einen echten Vergleich des Leistungsstandes in den beiden Teilen Deutschlands, die heute durch die unselige Spaltung als zwei selbständige Staaten existie-*

Das DDR-Fachblatt nach der Fußball-Gala.

ren. Nach dem Schlußpfiff sind wir der Auffassung, daß diese Frage mit einem Ja beantwortet werden kann, wenn man die nun einmal in einem Spiel zweier Mannschaften gegebenen Grenzen berücksichtigt... Vor dem Krieg lag das Schwergewicht des deutschen Fußballs auf dem Territorium der heutigen Bundesrepublik, wo die Vereine nach dem Zusammenbruch des Faschismus ohne große Veränderungen sofort wieder den Spielbetrieb aufnahmen. Wir mußten auf dem Gebiet der Deutschen Demokratischen Republik die alten Vereine auflösen, um unsere Demokratische Sportbewegung aufbauen zu können. Wir fingen praktisch neu an. Wenn wir trotzdem oder besser gerade deshalb schon so weit gekommen sind, dann muß uns das zuversichtlich stimmen, und wir können mit Berechtigung stolz sein. Wir haben auf der Grundlage unseres jungen Staates, der am Sonntag seinen siebenten Geburtstag feierte, ungehinderte Möglichkeiten des Leistungsanstiegs auch im Fußball. Wir müssen sie natürlich zu nutzen wissen.«

Aus den Randbemerkungen: »*Kaiserslautern war ein Magnet, Fritz Walter sein Zellkern. Das Spiel war Zucker. Es wird keinen enttäuscht haben. Die Roten Teufel spielten besten Klassefußball – gingen keinen Boulevardbummel, denn die Wismut-Elf hat tapfer mitgehalten. Das 3 : 5 ist ein gutes Resultat...*

Der Fritz ist ein Fußball-Weiser. Er ist im deutschen Sport eine legendäre Gestalt wie in Finnland Nurmi, in der CSR Zatopek, in Ungarn Puskas...«

Die dabei waren, reden heute noch über das Spiel und das Ausnahmetor des Fritz Walter. Unvergeßlich, sagen sie, sei alles gewesen.

Wer Fritz Walter war, wußte ich natürlich schon vorher, aber ich hatte nicht die geringste Ahnung, wo Kaiserslautern genau liegt. Weil ich Enge und Zwänge nicht länger ertragen wollte, bin ich 1958 nach Heilbronn geflüchtet und kickte dort und in Neckarsulm. Die Berufsfortsetzung der in Weißenfels absolvierten Steuerberaterausbildung fiel dem Fußball zum Opfer.

Plötzlich hatte das Diplom zum Fußballehrer Priorität. Als ich nach dem Studium in Köln just beim 1. FC Kaiserslautern zuerst Assistenz- und gar dann Cheftrainer wurde, wirkte das auf mich wie eine märchenhafte Entwicklung. Der grüne Junge aus Teuchern, der die Lauterer 1956 in Leipzig bewundert hat, arbeitete als Assistent von Otto Knefler und dann als Chef von 1967 bis 1973 in der Pfalz und war häufig Gesprächspartner des großen Fritz Walter. Fritz, der nicht mehr aktiv spielte, war mir mehr als nur ein wertvoller Berater, er wurde ein Freund. Jetzt stellte ich plötzlich fest, daß mein Idol ein normaler Mensch war und ist, wie du und ich. Ein Mann, der immer natürlich wirkt und jederzeit Diskussionen unter Fachleuten akzeptiert. Der Fritz hat Charisma. Einst hatte ich geglaubt, käme es je zu einer Begegnung, könne ich mit ihm keine drei Sätze reden. Und nun führten wir stundenlang Fachgespräche. Und das nicht nur einmal im Monat.

Ihn selbst hatte die Zeit gefordert und geformt. Herberger war unbestritten eine Vaterfigur für ihn, dabei ein Mann mit Einfühlungsvermögen, der wußte, wie man jüngere Menschen in schwierigen Phasen beistehen und helfen muß. Davon hat der Fritz profitiert – auch für sein späteres Leben.

Warum reden die Leute heute immer noch von ihm und über ihn? Erlischt seine Vorbildfunktion eigentlich nie? Wo auch immer er angesprochen wird, entnehmen die Fans aus seinem Verhalten, was er auch als Spieler mit Führungsaufgaben dargestellt hat, nämlich Leitfigur zu sein. Dem kaufst du alles ab; was er sagt, klingt glaubhaft und wirkt überzeugend. Auch die jüngere Generation empfindet das sofort und kann seine Ausstrahlung bewerten: Das muß ein Kerl gewesen sein, denn er ist heute noch einer. Ein Mann, dem es immer nur um die Sache geht und nie um die eigene Person, einer, dem alle Arten von Allüren fremdgeblieben sind.

Horst Vetten

»Wir haben Fußball tiefer erlebt«
Wiedersehen mit Puskas

Kaum jemals zuvor hat das deutsche Volk so inbrünstig und gemeinsam »Wir« gefühlt, gesungen, gebetet und gejauchzt. Am 4. Juli 1954 waren »Wir« plötzlich wieder wer. »Wir« waren Fußballweltmeister, die Größten. Nach verlorenem Krieg und Hungerjahren endlich wieder einmal Sieger und überhaupt. Wir knäulten uns vor den wenigen Fernsehgeräten in den Schaufenstern der Radiogeschäfte. Wir hingen an den Lautsprechern, in denen ein erwachsener Mensch namens Herbert Zimmermann nimmermehr aufhören mochte, »Tooor« zu brüllen und immer wieder »Tooor«.

Nationales Bibbern rieselte über Millionen deutscher Rücken. Sooo lange nicht erlebt. Auf ostdeutschen Rücken rieselte es mit.

Ungarn und Deutschland im Finale. Eine Woche zuvor hatten die Mannschaften schon einmal gespielt. Kühl fertigten die Magyaren das deutsche Rumpfteam mit 8 : 3 ab. »Niederschmetternd«, nennt der deutsche Mannschaftsführer Fritz Walter noch heute das Ergebnis.

Und dann die Neuauflage. Wie bescheiden die Deutschen an die Sache herangingen, zeigte die Anweisung des Bundestrainers Sepp Herberger: »So lange wie möglich 0 : 0 spielen.«

Diese Ungarn waren seit vier Jahren unbesiegt. Sie hatten in 33 Spielen 144 : 33 Tore geschossen, und alles vom Platz gefegt, was sich ihnen entgegenstellte. Das tollste Stück lieferten sie gegen England im Wembley-Stadion. In der ganzen Fußballgeschichte hatte dort kein kontinentales Team gewonnen. Die Ungarn überrannten die Hausherren 6 : 3. Das United Kingdom versank in Trauer. Nun war England auch hier keine Weltmacht mehr. Beim Rückspiel machten die Magyaren den vormaligen Fußballriesen mit 7 : 1 nieder.

Begrüßung: Fritz Walter, Schiedsrichter Ling (England), Ferenc Puskas, vor dem Finale am 4. Juli 1954...

Vierzig Jahre nach dem Endspiel von Bern sagt Fritz Walter: »Uns hätte ja Vizeweltmeister völlig genügt. Wir wären zu Hause gefeiert worden wie die Größten. Und dann sitzen wir in der Pause da, und wir haben zwar nicht 0 : 0 gespielt, wie der ›Chef‹ das gewünscht hat, sondern 2 : 2, und das ist genausoviel. Da hab' ich es zum erstenmal laut ausgesprochen: ›Die sind ja zu packen.‹«

Und Ferenc Puskas heute, mit dem Abstand der Jahrzehnte, zur Stimmung in der ungarischen Kabine: »Da hatte keiner einen Zweifel, daß wir die Sieger sein werden.«

Aber dann spielte alles gegen die Ungarn: die Zeit, das Glück und das Wetter. Berner Schnürlregen benachteiligte die ungarischen Artisten und verschaffte den deutschen Kämpfern Vorteile. Sowieso war das, wie Herberger zu sagen pflegte, ». . . dem Fritz sei Wedder.« Der Rest ist bekannt. Herbert Zimmermann schrie sich nach Helmut Rahns Tor zum 3 : 2 die Seele aus dem Leib. Das Volk eilte auf die Straße. Entlang der deutsch-deutschen Grenze konnte man zum letztenmal für dreieinhalb Jahrzehnte ostwestliche Geschwister einander in die Arme sinken sehen.

»In Ungarn«, erinnert sich Ferenc Puskas, »haben sie uns verflucht. Sie haben gesagt, wir hätten das Spiel für Mercedesse verkauft.« Ironisch breitet er die Arme aus: »Wo waren sie denn, die Mercedesse? Wo denn?«

Beide, Fritz Walter und Ferenc Puskas, 73 Jahre alt der Deutsche, 67 der Ungar, waren nicht nur zu ihrer Zeit Superstars in Europas Fußball. Sie sind auch Symbolfiguren in der zweiten Hälfte dieses bewegten Jahrhunderts geworden. Beide wurden zu Volkshelden ihrer Zeit und in ihrem Land. Typische Figuren ihrer Sportgeneration, die sie auch waren, sind sie zu unpolitischen Menschen geraten, die von allen geliebt sein wollen. Beiden haften jene Every-bodys-darling-Sympathiefaktoren an, die man von Max Schmeling und Uwe Seeler kennt. Beide reden in einer eher schwärmerischen Weise von ihrem Sport. Die heute florierende geldbringende Siegshow ist ihre

Sache nicht. Der gedankliche Zugang zur These, Fußball und Sport ganz allgemein seien heutzutage Teile der Unterhaltungsindustrie, will ihnen nicht gelingen. Auf den Scherz, ob ihnen bei den heutigen Verdienstmöglichkeiten schon einmal die »Boshaftigkeit der frühen Geburt« bewußt geworden sei, reagieren sie lächelnd, aber eher verständnislos.

Das sind nun zwei vergnügte ältere Herren, die einmal ein ganz großes Erlebnis miteinander hatten. Dem einen war's ein Fest fürs Leben. Der andere erlitt einen Schock, der sich erst nach Monaten legte. Danach haben sich immer mal wieder ihre Wege gekreuzt, und da hat jeder im anderen den netten Burschen entdeckt. Wenn sie sich heute treffen, küssen sie sich nach Ungarnart auf die Wangen und nehmen sogleich den ersten Schluck Champagner, von dem beide flunkern, er sei nichts weiter als Medizin für ihren niedrigen Blutdruck.

Puskas erscheint zum Treffen auf dem Frankfurter Flughafen im Monat Mai 1994 mit einer Riesenflasche Schampus. Weil die Schlaufe vom Karton gerissen ist, plaziert er die Buddel so, daß sein Bauch die Flasche mittragen hilft. Diesen Bauch trägt Ferenc Puskas mit ironischem Selbstbewußtsein durch die Halle; er genießt es, wenn ihn fragende Blicke streifen: Ist er's? Vorhin hat ihn eine entzückte Landsmännin abgebusselt und immer wieder geschrien: »Öczy, ich bin's, kennst du mich nicht mehr, ich bin doch die Ev aus Cleveland.« Am Taxistand staunt ein Fahrer: »Jesus, der Fritz Walter!« Und beim zweiten Blick: »Und dä Puskas auch noch.« Auf die Frage, wie er denn den erkannt habe, babbelt der Frankfurter Schnabel: »Ei, den muß-mer doch kenne.«

Puskas, die Hände über der am Hals eingeklemmten Serviette gefaltet, hört sich, einem Buddha nicht unähnlich, Fritz Walters Fitneßprogramm an: »Morjens 400 Meter schwimme, abends nochemol 400 Meter schwimme. Jeden Tag. J-e-d-e-n T-a-g!« Puskas' schwarze Knopfaugen funkeln belustigt. Er versteht gut deutsch. Er versteht auch, daß Fritz Walter nur

Wiedersehen nach 40 Jahren: Die Taktik, damals...

zwei Kilo mehr wiegt als damals. Ob er auch Verständnis dafür hat, ist eine andere Frage. Jedenfalls schmeckt es ihm, und trinken, sagt er, tut er nur Schampus.

Der Prickel aus dem Glas ist es auch, der Fritz Walters Wangen alsbald anmutig färbt. Aber das Jackett zieht er ums Verrecken nicht aus, als uns allen warm wird. Puskas auch nicht. Im Juni 94 war in Baden-Baden Klassentreffen aller fünf ungarischen und acht deutschen Überlebenden von Bern. Dabei, damit konnte man rechnen, wurden aber die Jacken ausgezogen.

Puskas zeichnet die Formation der »Königlichen« von Real Madrid auf. Er redet sich in Eifer. Wir merken, wie unser Blick sich trübt, das Blatt verschwimmt. Vor dem geistigen Auge schält sich ein Stadion heraus. Das geistige Auge sieht vor nachtschwarzem Himmel einen Kurzstämmigen im schneeweißen Dress der Königlichen neben dem Torsteher. Das Tor gehört der Frankfurter Eintracht. Der zur Säule erstarrte Weißgekleidete hebt die Arme zu einem großartigen »V« für »Victory«. So steht er als Denkmal seiner selbst. Gerade hat »Öczy« (der Kleinste) eines der acht Tore im Europacupfinale gegen Frankfurt reingeknallt. Das Standbild, heute Historie, ging um die Welt.

»Heute saust einer, wenn er ein Tor geschossen hat, zweimal um das ganze Stadion«, beendet »Öczy« die begeisterte Erinnerung des deutschen Enthusiasten. Sein trockener Humor war stets gefürchtet. Nachdem die Ungarn kurz vor dem Volksaufstand von 1956 die Russen in Moskau gebeutelt hatten, revanchierten sich die Sowjets mit einem besonders schäbigen Bankett. Ungarns Kleinster stiefelte durch den Saal zu den russischen Funktionären und erkundigte sich in Zimmerlautstärke: »Können wenigstens die Kommunisten von uns eine Flasche Bier haben?«

»Wir haben Fußball tiefer erlebt«, sagt Fritz Walter. »Wenn wir früher bei Kaiserslautern sieben, acht Tore geschossen haben, dann haben wir immer weitergemacht. Wir wollten immer mehr.«

»Wenn heute manche Mannschaften ein Tor vorlegen«, ergänzt Puskas, »dann hören die sofort auf und machen zu.«

Fritz Walter will dem heutigen Spitzenfußball die Anerkennung nicht versagen: »Die spielen schneller, technisch besser und ganz sicher auch viel härter – bis hin zur Brutalität – als wir. Aber frühere Nationalmannschaften, wie England, Deutschland, Ungarn, auch Clubteams, wie Honved Budapest, Real Madrid und der 1. FC Kaiserslautern, haben schöner für das Auge der Zuschauer gespielt.«

Da bricht wieder etwas vom Mutterwitz bei Puskas durch: »Was heißt hier schneller? Heute rennen drei. Früher rannten neun.«

Fritz Walter, besorgt, er könnte zu kritisch gewesen sein, will auch etwas Nettes über den heutigen Fußball sagen: »Wie die Burschen heute immer noch mit ihrer Begeisterung dabei sind, wenn es um die Nationalmannschaft geht, das ist ...«

Hier sucht er nach der geeigneten Vokabel, um seine Begeisterung auszudrücken. Da fällt der 73jährige in die Jugendsprache: »Das ist super – super – super.«

Im »Was-wäre-wenn«-Nachspiel zum Finale vor 40 Jahren stimmen die beiden analytisch völlig überein und einigen sich auf die Formel: »Wenn die Magyaren damals – egal ob bei 2 : 0, 2 : 1 oder 2 : 2 – ein drittes Tor geschossen hätten, dann wäre Ungarn Weltmeister geworden.«

Könnten die damaligen Spieler, Mannschaftsteile oder die ganzen Mannschaften im heutigen Spitzenfußball bestehen? Puskas sagt, Fußball ändere sich seinen Erfahrungen nach alle zehn Jahre. Training, Taktik, Übungsleiter, Technik, Formationen, sogar die Athletentypen wechselten ungefähr in diesen Abständen. Heute bewegten sich die Spieler, vorwiegend defensiv eingestellt, in ihren Planquadraten: »Früher mußte man längere Strecken laufen.«

»Eine Weltmeisterschaft ohne Überraschungen ist keine Weltmeisterschaft«, beschließt Fritz Walter seinen Exkurs über die Unwägbarkeiten des Fußballspiels. Er muß es wissen. Solch eine Unwägbarkeit hat sein ganzes Leben geprägt.

Puskas arbeitet heute als der für Jugendfragen zuständige Direktor im ungarischen Fußballverband. Fritz Walter hat immer noch seine Repräsentationstermine, hört schon seit zehn Jahren nun aber endlich damit auf und ist immer noch gefragt. Bis heute gelten die beiden als tragende Figuren bei einem Stückchen Sport, das Zeitgeschichte gemacht hat.

Das konnten sie nicht ahnen, und irgendwie wundern sie sich immer noch ein bißchen darüber. Es ist ja auch schon so lange her.

Beim Abschied hilft der sechs Jahre jüngere, zwei Zentimeter kleinere, zehn Kilo schwerere Ungar dem Deutschen in den Mantel. Fritz Walter sagt: »Daran merk' ich, wie alt ich bin.«

Die Literaten und die Legende Fritz Walter

Jörg Drews

Damals Moment siebenundvierzig jawohl
Unwillkürliche Erinnerungen an eine Jugend
am Fuß des Betzenbergs

1

Krummbeerschpiel. Alles war noch anders. Auf dem Betzenberg ging es nicht um große Geldsummen: An eine Bundesliga dachte noch keiner. Oft ging es sogar nur um Lebensmittel. Die waren bekanntlich 1947 knapp, und deshalb arrangierte Fritz Walter öfters »Kartoffelspiele«. Da wurde zum Beispiel zwischen ihm und dem SC Winnweiler ausgemacht, die Dörfler würden pro Tor einen Sack Kartoffeln für die Lautringer Fußballer stiften. Vor dem Spiel auf dem Winnweiler Rasen – wenn man das überhaupt einen »Rasen« nennen konnte – teilte dann der dörfliche Mannschaftskapitän Fritz Walter mit, man habe 12 Säcke Kartoffeln beisammen. Es ging los, und die Tore kamen bei der haushohen Überlegenheit der Roten Teufel vom Betzenberg zum größten Gaudium aller Beteiligten zuverlässig zustande, obwohl die Winnweiler ihr Letztes gaben; zwischendrin ließen die Lautringer auch honoris causa einen Gegentreffer zu. Als es dann 12 : 1 stand, hörte man Fritz Walter laut über den Platz rufen: »Ihr Buwe, jetz' mache mer kä Door mä!«

2

Rückspiegel. Unsere Tribünenplätze hatten die Nummern 245 und 246, ich wurde dazwischengeklemmt. Links fiel meiner Mutter vor Aufregung die Handtasche runter, rechts warf mein Vater den Hut hoch. Eines Sonntags tauchte auf dem Sitz in der Reihe direkt hinter uns eine südländisch schöne Dame auf, die dort bald an jedem Spieltag zu sehen war. Seitdem nahm ich immer einen kleinen Taschenspiegel mit, und wenn auf dem Spielfeld gerade nicht viel los war, betrachtete ich – ganz unauffällig, wie ich meinte – diese Frau, die gerüchteweise mit Fritz Walter in Verbindung gebracht wurde. Daß sie mit Vornamen Italia hieß, schien mir geradezu märchenhaft zu ihrer exotischen Schönheit zu stimmen.

3
Sportsgeist. In einem Spiel gegen Borussia Neunkirchen gab der Schiedsrichter beim Spielstand von 2:2 ein umstrittenes Tor zugunsten der Neunkirchner. Auf dem Spielfeld wie auf den Rängen gingen die Wogen der Empörung über die unverdiente 2:3-Niederlage des 1. FCK sehr hoch; nur Fritz Walter machte zu seinen Kameraden hin gesenkten Kopfes beruhigende Gesten. Sein Kommentar, als ihn mein Vater einige Stunden später, noch immer erregt über dieses Tor, darauf ansprach: »Ach wissen Se, do kammer nix mache. Des iss es Spiel. Dess Mo waa's so, un es nechscht Mo is es widdä annersch!«

4
Lampenfieber. Einmal linste ich vor Spielbeginn in die Umkleidekabine der Mannschaft des 1. FCK. Da saß Fritz Walter und war so nervös, wie mir's erzählt worden war und wie ich es doch nicht hatte glauben können. Erst nahm er den rechten und dann den linken Fußballschuh und prüfte pedantisch, die Haare in der Stirn, den Schuh jeweils dicht vor Augen, ob die Klötzchen darunter auch genau richtig saßen. Und als er sich die Schuhbändel schnüren wollte, flatterten seine Hände so, daß er kaum einen Knoten machen konnte. – Das Publikum spürte übrigens seine Sensibilität, es erwartete fast, daß dem auch vom Gegner besonders Rechnung getragen wurde. Wenn Fritz Walter einmal aus Absicht oder auch bloß im Eifer des

Gefechts gelegt wurde, so ging ein Aufschrei durch die Menge – weniger ein Schrei der Wut als vielmehr des Schmerzes und der Scham darüber, daß jemand Fritz Walter so zu nahe zu treten wagte.

5

Aus der Jugend eines Idols. Im Frühjahr 1947 brachte ich aus der Schweiz eine Kostbarkeit mit, die die schlappen »Gummiquetschen«, die wir zu dieser Zeit bestenfalls organisieren konnten, weit in den Schatten stellte: einen echten Lederfußball. Und wenn Fritz Walter auf der Straße vorbeikam, legten wir ihm den Ball vor die Füße und bettelten so lange, bis er auf dem Trottoir der Fischerstraße mit dem Ball jonglierte und ihn dann, obwohl wir uns drei Mann hoch drin aufstellten, sicher ins Tor plazierte. »Jetz' muß isch widdä geh'!«, sagte er dann, und setzte hinzu: »Ihr han's gut, ihr Buwe. Mer han als ivverhaapt kä Ball gehat, so aarm ware mer. Von meine Mudder han isch als beinah Schlää 'kriet, weil mer mit Blechbichse g'schpielt und die Schuh kaputt gemach' han'.«

6

An der linken Hand ein Ring mit einem Karneol. Am Abend saß Fritz Walter manchmal bei uns in dem Sessel vor dem Radio. Dann drehte er bisweilen am Sendersuchknopf, und die Augen meiner Mutter verfolgten hingerissen das Spiel seiner Hände, die – wie sie noch heute sagt – »eine ideale Mischung aus Feinheit und Kraft« waren. Als sie ihn einmal auf die Schönheit seiner Hände ansprach, sagte er verlegen lächelnd: »Mei Mudder, die hat aa immer g'saat, daß isch schäne Händ han. Die hat soga zu meine Brider, em Ottes und em Ludwisch g'saat, se sollten mer die Schuh putze, daß isch mer die Händ net han dreckisch mache misse.«

7

Das Kunstschöne. An manchem sommerlichen Spätnachmittag lag eine Aura milden Glanzes über dem Betzenberg, wenn sich auf dem grünen Rasen die rotweißen Lautringer und – zum Beispiel – die blauweißen Pirmasenser maßen, mittendrin streng und sicher Schiedsrichter Fritz aus Oggersheim. Bisweilen, wenn Fritz Walter mehrere Gegner hintereinander ausdribbelte, ging das so überraschend schnell, daß seinen Alleingang gar kein Gebrüll begleitete, sondern atemlose Stille herrschte. Solch staunendes Schweigen breitete sich auch einmal aus, als Fritz Walter einen ungenau zugespielten Steilpaß, bei dem keiner sich in der Geschwindigkeit vorstellen konnte, wie er ihn annehmen würde, ohne jede angestrengte Verrenkung mit einem verblüffend schönen Absatzkick präzis weitergab. In die Lautlosigkeit der ganzen Zuschauertribüne platzte da der ebenso respektlos laute wie zutiefst verehrungsvolle und sachverständige Ausruf eines waschechten Kaiserslauterer Gassenbuben: »Geh fort. Fritz, war dess e sauwer Absätzsche!!«

Ludwig Harig

Die Eckbälle von Wankdorf
Für Fritz Walter

Was einst in Bern geschah, es klingt wie eine Fabel.
Geheimer Doppelsinn, die Kunst im reinen Zweckball,
entschied den Spielverlauf; der einstudierte Eckball
verwirrte Ungarns Elf mit kryptischer Parabel.

Die Bälle flogen weich, verdeckt und variabel.
Aus kurz getretnem Paß als täuschendem Versteckball
ergab sich auf dem Fuß der langgezogne Streckball:
Buzanski, Lantos, ach, ihr Spiel: indiskutabel.

Ein jeder Eckball barg teutonische Gefahr,
war unberechenbar. Manch braver Magyar
ließ immer wieder sich von einem überraschen.

Am Ende war ihr Spiel, war jeder Schritt vertan.
Denn kaum versahn sie sich, stand zwischen ihnen Rahn.
Und setzte seinen Ball noch zweimal in die Maschen.

Benjamin Henrichs

Liebster Fritz!
Ein Brief nach Alsenborn – aus gegebenem Anlaß*

> **DIE ZEIT**
> Nr. 26 – 21. Juni 1991   Seite 53
>
> *Ein Brief nach Alsenborn –
> aus gegebenem Anlaß*
>
> # Liebster Fritz!
>
> Vorsicht, Leser, dies wird ein Beitrag zum Heulen! Denn er, Fritz, war die erste Liebe unseres Lebens — nach Vater, Mutter, Bruder, versteht sich. Und wenn das Leben nicht wieder foul spielt, dann wird die erste Liebe auch die letzte sein.
> Unsere Liebe zu Fritz geht jetzt schon vierzig und daß Fritz he… über siebzig ist,

Vorsicht, Leser, dies wird ein Beitrag zum Heulen! Denn er, Fritz, war die erste Liebe unseres Lebens – nach Vater, Mutter, Bruder, versteht sich. Und wenn das Leben nicht wieder foul spielt, dann wird die erste Liebe auch die letzte sein.

Unsere Liebe zu Fritz geht jetzt schon vierzig Jahre – und daß Fritz heute klar über siebzig ist, stört uns nicht im

---
* »Sein« 1. FC Kaiserslautern wurde 1991 deutscher Fußballmeister.

geringsten. Als alles anfing, kurz nach dem Krieg, war alles natürlich am schönsten. Jeden Schritt, jeden Fußtritt von Fritz verfolgten wir (am Radio hockend) mit Herzklopfen. Als wir Fritz zum erstenmal leibhaftig sahen (Stadion am Zoo, Wuppertal, der 1. FCK siegte 14 : 1 oder 16 : 0), starrten wir ihn an wie einen Heiligen. Als Fritz Weltmeister wurde, stand Deutschland kopf – und wir mit ihm. Als Fritz Schriftsteller wurde, lasen wir seine Schriften (»3 : 2« und »Spiele, die ich nie vergesse«) so oft, bis wir sie auswendig konnten – was uns späterhin allenfalls noch bei den Schriften von P. Handke gelang.

Nie haben wir Fritz vergessen. Und so waren wir restlos glücklich, als er am vergangenen Samstag wieder mit Macht in unser Leben trat. Fritz lachte, Fritz küßte, Fritz weinte. Denn der Verein von Fritz, der 1. Fußballclub aus Kaiserslautern, war endlich wieder Deutscher Meister geworden – zum erstenmal seit den Tagen von Fritz.

Schon am Morgen des Endspieltages hatte uns ein aufwühlender Zeitungsbericht an Fritz erinnert. Das Endspiel in Köln, lasen wir, wollte Fritz sich nicht zumuten: »Ich kann das nicht, das halten meine Nerven nicht aus.« Statt dessen wollte Fritz den Tag in seinem schönen Eigenheim in Alsenborn verbringen. »Ich werde ums Haus laufen, dann setze ich mich auf mein Gartenbänkchen und bete für meine Buben.« So lange, bis die Terrassentür aufgeht und Frau Italia hoffentlich ruft: »Schätzchen, ja, ja!« Fritz: »Dann werden Freudentränen und Fritz-Walter-Sekt fließen.«

Wir müssen an dieser Stelle vielleicht innehalten und unsere jüngeren Leser (und alle jugendfrischen Ignoranten) daran erinnern, wer Fritz Walter ist: die neben Konrad Adenauer bedeutendste Figur der deutschen Nachkriegsgeschichte. Weltmeister. Ehrenspielführer. Mensch.

Fritz Walter war (lange, lange vor F. Beckenbauer) der Beweis dafür, daß deutsche Fußballkunst wirklich Kunst ist (und nicht bloß Schweißausbruch und Beinarbeit). Fritz Walter (den sie auch den »Hamlet des grünen Rasens« nannten) zeigte, daß die wahre Leichtigkeit in der Kunst nur aus der wahrhaftigen Schwermut kommt. Er spielte niemals bloß »gut« oder gar »mittel« – er war genial oder versagte tragisch. Er war, dies nebenbei, der erste Pfälzer in unserem Leben – und hat uns, das wollen wir nie vergessen, die Pfalz als Heimstatt der Anmut ins Herz gesenkt.

Und als Hamlet den grünen Rasen verlassen hatte, da brachte er es auch noch fertig, in Schönheit zu altern; blieb schlank an Leib und Geist und Seele (woran gewiß die südländische Herzlichkeit und mütterliche Strenge von Frau Italia einen Löwenanteil hatte!).

Kurzum: Als Fritz am letzten Samstag weinte, da begriffen wir wieder, daß es für richtige Männer nur einen wirklichen Grund zum Weinen gibt – wenn es keinen Grund zum Weinen gibt. Wie unnütz sind doch alle Tränen sonst: die Wuttränen am sogenannten Arbeitsplatz genauso wie die Kitschtränen bei der sogenannten Liebe. Nur die Tränen aus Freude, nur die Tränen für den Fußball, nur die Tränen von Fritz und für Fritz sind des Weinens wirklich wert. Schätzchen, ja, ja!

Und auch dieser miese, kalte deutsche Sommer kann uns von Stund' an nicht mehr schrecken. Denn was haben wir denn, wenn es so ist, wie es jetzt ist? Wenn es ewig regnet, grieselt, stürmt? Richtig: Das ist genau das in die Fußballgeschichte eingegangene, das längst legendäre »Fritz-Walter-Wetter«.

Dein Wetter, Fritz!

Friedrich Christian Delius ───────────────

Der Sonntag, an dem ich Weltmeister wurde

Ich hatte noch nie eine Fußballreportage gehört, immer öfter fielen Wörter, die nichts mit Fußball zu tun hatten ... *Wunder!* ... *Gott sei Dank!* ... *So haben wir alle gehofft, gebetet!* ... und ich staunte, daß der Reporter das Wort *glauben* mit mehr Inbrunst als ein Pfarrer oder Religionslehrer aussprechen konnte. Beinah wieder ein Tor für Ungarn, beinah ein Tor für Deutschland, und wieder hielt Toni Turek einen unmöglichen Ball, wieder Gefahr, der Ball im Tor, *nein,* ... *Turek, du bist ein Teufelskerl! Turek, du bist ein Fußballgott!*

Ich erschrak über diese Sätze und freute mich gleichzeitig, daß Turek gehalten hatte, aber der Schrecken saß tiefer, und im Abklingen des Echos dieser Rufe begann ich auf die schüchternste Weise zu ahnen, was für Schreie das waren: eine neue Form der Anbetung, ein lästerlicher, unerhörter Gottesdienst, eine heidnische Messe, in der einer gleichzeitig als Teufel und Gott angerufen wurde. Auch wenn es nicht wörtlich gemeint war, Phrasen des Jubels nur, ich drehte die Lautstärke noch ein wenig herunter, weil es mir peinlich gewesen wäre, wenn jemand mich beim Hören von Wörtern wie *Fußballgott* abgehört hätte.

»Schon vorbei, dein Fußball?« fragte der Vater. – »Nein, Halbzeit. Unentschieden steht es! Unentschieden, zwei zu zwei!« – »Na doll!« Sein Tonfall überzeugte mich nicht ganz, aber ehe ich herausgefunden hatte, ob er das Unentschieden wirklich für eine Sensation hielt, erschrak ich über mich: ich hatte plötzlich »zwei zu zwei« gesagt, hatte die schwierigsten Wörter über die Zunge gebracht, ohne zu stottern. Ich wußte nicht, ob mein Vater das gemerkt und mit »Na doll!« vielleicht mich gemeint hatte, ich war so verwirrt über meine Leistung, daß ich schnell vom Bad ins Amtszimmer zurücklief.

Aus dem Radio schwappte Tanzmusik, nebenan im Wohn- und Eßzimmer deckte die Mutter den Kaffeetisch. Ich hätte die Lautstärke erhöhen können, die Mittagsschläfer waren aufgestanden, aber ich ließ die Musik leise spielen, die schnellen, flotten Klänge waren mir fremd, paßten nicht hierher, paßten nicht zu diesem Radio, das nur kirchliche Sendungen oder *Die Glocken läuten den Sonntag ein,* den Kinderfunk und manchmal ein Sinfoniekonzert ausstrahlte...

Wir melden uns also wieder aus Bern... ferne Zuschauerrufe, Lautsprecherdurchsagen, Aufregungen in der Luft. Der Reporter fand sofort wieder den Ton meiner Spannung und Begeisterung, lenkte sie mit seiner Stimme aufs Spielfeld und fütterte die Ohren mit mitreißenden und beruhigenden Sätzen, nach denen ich schon süchtig geworden war...

Ich harrte aus, ich ertrug die Spannung nicht mehr, das Ergebnis war mir fast egal, Hauptsache, die Strapazen des Spiels in ein paar Minuten vorbei... *Schäfer, nach innen geflankt, Kopfball, abgewehrt, aus dem Hintergrund müßte Rahn schießen, Rahn schießt! Tor! Tor! Tor! Tor! Tor für Deutschland!*

Während die schreiende, elektrisierte Stimme fast das Radio auseinanderriß, das versteckte Metall in dem Kasten von den Torschreien vibrierte und der Stoffbezug vor dem Lautsprecher zitterte, während das Gerät in allen Fugen knisterte und der Reporter schwieg wie erschossen, drangen aus dem Hintergrund Schreie, von Händeklatschen und Jubel unterstrichen, aus dem Berner Stadion an mein Ohr, und ich riß, obwohl ich noch nichts begriff, eher hilflos als triumphierend die Arme hoch und rief leiser, als ich wollte: »Tor!«, leise, weil ich meine Freude noch nicht spürte, sondern nur den Reflex auf die Schreie aus dem vibrierenden Kasten, ehe der Reporter wieder zur Sprache fand: ... *drei zu zwei führt Deutschland, fünf Minuten vor Spielende! Halten Sie mich für verrückt, halten Sie mich für übergeschnappt!*

Ich hielt ihn nicht für verrückt, nicht für übergeschnappt, ich war auf das Tor nicht gefaßt, auf den Sieg nicht, ich rief noch einmal »Tor!«, nun etwas lauter, als müßte ich mit meiner Stimme den Beweis liefern, daß wirklich ein Tor für uns gefallen war. Niemand antwortete, weder die Mutter noch Geschwister oder Großeltern liefen herbei, und doch durfte ich jetzt nicht zweifeln...

... *Aus! Aus! Aus! Aus! Aus! Das Spiel ist aus! Deutschland ist Weltmeister, schlägt Ungarn mit drei zu zwei im Finale in Bern!*

Die Stimme kippte von *Aus!* zu *Aus!*, taumelte von Silbe zu Silbe mit letzter Kraft, brach zusammen, fiel nieder und war doch wieder da und verkündete die unglaubliche Nachricht, das Wunder, das ich nicht begriff und mir auch durch eine Wiederholung mit der eigenen Stimme, »Gewonnen, drei zu zwei gewonnen!«, nicht begreiflich machen konnte, denn es gab kein Echo, keine Fragen aus dem Eßzimmer nebenan, wo sie mit Kaffee und Kuchen fertig waren und sich zerstreut hatten. Ich brauchte weiter die Verbindung zur Stimme in Bern, die, etwas weniger erregt, aber unsicher, fast stotternd das Unglaubliche wiederholte ... *deutsche Mannschaft, Weltmeister 1954* ... und nach passenden Worten suchte auch für mich, der in diesem Augenblick, in den Rausch einer neuen Sprachlosigkeit gestoßen, nur das Ergebnis und das Wort »Gewonnen!« stammeln konnte...

Unter den Linden, auf dem Kirchplatz, auf dem Mäuerchen, drei Stufen über den Straßen, die hier zusammenliefen, stand ich und schaute, während die Takte der Hymne in mir weiterschlugen, in alle Richtungen, Wege und Höfe und hoffte, daß meine Freunde nach dem Ende der Übertragung aus den

Haustüren stürmten und andere Leute suchten, um sich und *uns* als Weltmeister zu feiern. Ich war der erste, hatte den kürzesten Weg, stand im Zentrum, hier mußten die Fußballfreunde zusammentreffen, hinter mir Kirche und Pfarrhaus, wo kein Platz war für meine Erregung, vor mir und um mich herum das Dorf, die offene Welt.

Wie nackt stand ich da in meinem Siegesgefühl, allein unter den niedrigen Ästen der Linden, und wartete ungeduldig, entdeckt zu werden mit meiner blanken, springenden Freude. Ich schämte mich nicht, im Gegenteil, ich genoß den berauschenden Moment: die Reporterstimme klang im ganzen Körper nach, und der Sieg stieß mich in einen Zustand des Glücks, in dem ich Stottern, Schuppen und Nasenbluten vergaß und das Gewissen und alle Gotteszangen von mir abließen. So leicht fühlte ich mich nie, und unter dem pulsierenden Siegesgefühl lag eine tiefe, verzweifelte Ahnung, was es heißen könnte, befreit zu sein von dem Fluch der Teilung der Welt in Gut und Böse, befreit von der Besatzungsmacht, dem unersättlichen Gott, und vielleicht auch die Ahnung von der begrenzten Dauer dieses Glücks, einmal ungebremst Ja! sagen zu können. Irgendwann beim Abendbrot würde der Sieg nur noch halb so viel wert sein, spätestens mit dem gnadenlosen Nachtlied *Morgen früh, wenn Gott will, wirst du wieder geweckt* würde die Vertreibung unter den Willen *des Herrn,* in das geduckte Anpassen und Ausweichen und in das Exil meines hilflosen *Nein!* wieder beginnen. Deshalb wünschte ich, diesen Moment zwischen den Lindenbäumen so lange wie möglich auszukosten, ich hätte am liebsten geschrien, gelacht, getanzt, getobt, die Glocken geläutet, mit der Sirene auf dem Gasthaus Lotz das Dorf geweckt und den Tag mit einer Feier gekrönt, wie Weihnachten, Geburtstag, Ferienbeginn, Sängerfest, Feuerwehrfest, Meisterschaftsfeier und Kirmes zusammen.

Aber das Dorf verharrte träge in seiner Stallwärme, in der Sonntagsnachmittagsstille und in den Gerüchen, die von Blumen und Misthaufen, vom Heu in den Scheunen, vom Korn der Felder, von der Milch aus den Ställen, von der Späne aus der Schreinerei und von den Linden heranwehten. Wenn ich mich drehte, konnte ich ungefähr zehn Türen sehen, vielleicht fünfzig Fenster, doch kein Gesicht erschien...

Alles war so, als hätte sich nichts verändert mit der Weltmeisterschaft, als hätte ausgerechnet jetzt jemand das Dorf verwunschen und stillgestellt oder als hätten sich, im Augenblick meines Triumphs, die Menschen im Dorf für immer von mir getrennt. Die Welt stand still, obwohl sie sich schneller hätte drehen müssen um den kreisrunden Platz mit den acht Bäumen, mit den Ketten zwischen den Begrenzungssteinen wie ein Karussell drehen und drehen, um mich als Achse...

So stand ich drei, vier, fünf Minuten auf dem Platz, bereit, die ganze Welt zu umarmen, meine Freude zu zeigen und zu teilen, bereit, mich in jede Richtung zu wenden außer zurück zum Haus, aus dem ich gelaufen war, jede Richtung, aus der ein Mensch näherkommend mich und meine Gefühle begreifen könnte, und endlich taumelten aus Sennings Gastwirtschaft drei Männer auf die Straße, in denen ich trotz der Sonntagsanzüge drei Spieler des F. C. Wehrda erkannte, und liefen, Kuhfladen und Schlaglöchern ausweichend, an der Post vorbei, auf den Kirchplatz zu, wie ich es gewünscht hatte, mir entgegen, und nach ihnen tauchten, bald aus der einen, bald aus der anderen Richtung die Freunde Herwig, Horst, Gerhard, Helmut und Wolfgang auf, und als wir uns, wie blöde geworden, Wortbrocken wie »Weltmeister!« und »Deutschland!« und »Dreizuzwei!« zuriefen, mit dem Geschrei die Spatzen aufscheuchten und, von der ungewohnten Wucht der Worte mitgerissen, aus den genormten Sonntagsbewegungen kippten und lachten und johlten, war ich, ohne es zu begreifen, der Glücklichste von allen, glücklicher vielleicht als Werner Liebrich oder Fritz Walter.

Michael Bauer

Es war e schääni Zeit

Die wo alles besser wissen, han iwwer de Fritz schun immer viel zu dischpetiere gehat:

Ob em des Kino werklich selwer geheert odder nur em Name no. Ob er net besser e Lautrer Mädchen genumm hätt wie grad e Idalienerin.

Ob de Herbercher soi Chef war odder mehr so e Art Vadder. Ob unser Fritz in Barcelona mit dem viele Geld net vielleicht doch besser draagewest wär wie in de Palz. Ob er werklich so e ängschtlichcs, schüchternes Kerlche is. Unsoweiter.

Daß de Fritz schun immer e sterblicher Mensch war wie du un ich, is so sicher wies Amen in de Kärch. Awwer genauso sicher is, dasser uffem Fußballplatz e Held war, so ähnlich wie de Odysseus bei de alde Grieche. E Art Zauberer mit iwwernadierliche Kräfte.

De Fritz hat de Geischt vum Sport in sich gehat. E Blick fer die Stell, wo de Feind verwundbar is. E besseres Gefiehl fer denne Moment, wo mer die annere packe kann, wie sämtliche deitsche Generäl im erschte un zwätte Weltkriech zusamm.

Denne Fritz hat de alt Kaiser Barbarossa uns geschickt fer Lautre un Deitschland noch denne zwää ferschterliche Schlappe widder großzumache. Net mit Kriech un Gewalt. Nää, viel eleganter. Un in me schääne sportliche Rahme. De Barbarossa hat em Fritz e Zauberformel verrot. Un die hat prima gewirkt.

De annere isses immer ganz schwindelich wor, wann de Fritz Fußball gespielt hat. Wann se gedenkt han, jetzt kummt e feschter Schuß, is e ganz leichter kumm un umgekehrt. Wann er no soim Bruder, em Ottes geruf hat, un die annere sin gerennt fer de Ottes zu bewache, dann hat er de Ball zum Basler gespielt un der hat in Gemietsruh e Dor schieße kenne. Wann se beim nächschte Mol dann zum Baßler gerennt sin, hat de Fritz zum Ottes gespielt, un der hat ne noigemach.

Die annere han meischtens nur noch blindwietich dezwischetrete kenne. Un dann is ne de Fritz noch iwwers ausgestreckte Bää gesprung un hat e Flanke geschlaa, die war so genau berechent wie e Rundbooe am Speyerer Dom.

Am Aafang waren dehääm uffem Betze sowieso nur die Bermesenser gefährlich. De waren sogar noch gefährlicher wie später zum Beispiel die Berliner odder Hamburcher. Daß de Fritz zaubere kann, des hat sich erscht no un no erumgesproch, un die wo vun so weit kumm sin, han sich uffem Betze noch net so richtich ausgekennt. Die han noch gemäänt, dort kennt mer gewinne, wammer normal Fußball spielt. Un eh se sich verguckt han, war de Kaschte voll.

Awwer die Bermesenser han schun frieh Bescheid gewißt. Glei no de Lauterer selwer. Deshalb hanse vun vornerin gezoo un gezerrt un getret un gebiß un gespuckt uf Deifel kumm raus. Mit normale Tricks hanse geje de Fritz un soi Kamerade sowieso nix mache kenne. De Fritz selwer hat des net neetich gehat, awwer die, wo hinne waren un es Dor verteidicht han, de Liwwerich, un die sin manchmo vun de Wut gepackt wor. Un han aa e bißje getret un so. Awwer viel eleganter wie die Bermesenser. Des is nämlich aa e Kunscht.

Besunnerscht gern hat de Fritz bei Rejewetter gespielt, un deshalb hat Rejewetter in Lautre aa Fritz-Walter-Wetter gehääß. Wann de annere die Hoor vor de Aue gebappt han un se mit ihre dicke Baurebää im Schlamm erumgeschtolwert sin, hat de Fritz noch flinker um se erumhupse kenne wie sunscht als.

Wann ne es Wasser in de Stiffel gestann hat, wann die Wade schwer wor sin, wann se ihr dicke Ärsch kaum noch vum ääne Eck vum Spielfeld zum annere han traae kenne, dann hanse ääfach nimmi die Kraft gehat, fer em Fritz noch so wuchtich un gemein in die Fieß zu trete, wie ses eichentlich gern gemach hätten. Un am End waren se all so gut wie im Rejematsch versackt un de Fritz is ne uf de Nas erumgedanzt, wann die iwwerhaupt noch erausgeguckt hat.

Nadeerlich waren de Fritz un soi Kamerade bal in ganz Deitschland beriehmt. Un es hat net lang gedauert, do hat die halb Mannschaft vum Betze fer Deitschland gekämpft. Des war e ziemlichi Iwwerwindung am Aafang. Immerhie war die Hälft vun de Nationalelf garnet aus Lautre. Awwer es war schließlich vum Herr Herbercher befohl, daß mit denne zusamme fer Deitschland gekämpft werd. Un do isses aa gemach wor.

Es is schließlich jo aa net geje die Bermesenser odder Frankethaler um die Siedwescht-Määschterschaft gang. Bei denne sozialistische Völker wars em Fritz un soine Kamerade immer ziemlich mulmich. Sie waren zwar selwer fascht all Sozze, awwer wan se in so e riesichi Arena – vollgeschtoppt mit Kommunischde – enoigemißt han, is ne doch es Herz in die Hosse gerutscht. Un mancher hat sich gefroot, ob er do als kuldivierder pälzischer Proteschtant iwwerhaupt noch lewendich erauskummt.

Am schlimmschte wars geje die Ungarn. De Fritz, soi Kamerade un die zusätzliche Auswärtiche han gekämpft wie die Lewe. De Kohli hat sich mitm Kopp dezwischegschmiß wie e Torpedo. De Liwwerich hat ufgebaßt wie e Schießhund. De Eckel is gerennt wie e Perd. De Ottes hat vorne alsfort no Löcher geguckt. Un sogar die Fritz hat e bißje geschwitzt. Dehääm in Lautre am Radio sin zarte Gemieter in Ohnmacht gefall un die annere wären am liebschde mit de Fieß in de Lautsprecher eningekrabbelt un hätten mitgeholf. Am End han unsere e Dor mehr gehat, un die Ungarn han geflennt un sich die Bää geribb un uffem Boddem erumgetrummelt vor Wut.

In Lautre sin die Leit of de Trimmer vum letschde Kriech erumgedanzt. Un de alt Barbarossa in soim Berch hat sich zufriede soi langer Bart gekrault. Soi guder Fritz hat soi Uftraach erfillt gehat. Un vun jetzt ab hat de Geischt vum alde Deitschland sich mehr uf die Rakete vun de Amis wie uf die Bää vum me Fußballspieler verloß.

Jetzt is die Feierei losgang. Jeder hat gewißt, daß de Fritz de bescht vun de Welt is, un er hats sogar schriftlich gehat. Wie er häämkumm is, han en die Leit fascht dotgedrickt vor Frääd. Ganz Lautre hat gelacht un geheilt dorchenanner. Kommunischde han sich mit Freimaurer abgekißt, gewähnliche Leit vum Kotte mit vornehme vum Lämmchesberch, Katholike mit Proteschtante. Un Buwe mit Määd nadeerlich.

Wann in de kummende Johre jemand Beriehmdes no Lautre kumm is un in Lautre noch zusätzlich beliebt werre wollt, hat er versucht, em Fritz die Hand zu schittele un defor gesorcht, daß e Reporter vun de Zeidung des geknipst hat. Jeder hat de Fritz un soi Kamerade gern gehat. Es war e schääni Zeit, awwer sie hat aa net ewich gedauert.

Mancher vum Fritz soine Kamerade hat sich zu aarich in soim Ruhm gesunnt, hat zuviel gefeiert un soi Kraft verlor. De Herr Herbercher hat zum Schluß nur noch de Fritz selwer fer Deitschland kämpfe losse, zusamme mit lauter Auswärtiche. Des hat em Fritz dann kää so großer Spaß määh gemach. Außerdem isser allmählich älder wor un es sin beese Stimme laut wor, er wär nie so gut gewest un es wär alles nur Zufall. Wie die Ratte hanse versucht, em Fritz soi Lorbeere vum Kopp zu fresse. Do isses em net besser gang wie annere Helde un Feldherre. Mer muß bloß draa denke, wie se domols de Cäsar umgeleet han.

Die Pälzer jedenfalls han de Fritz immer gern gehat, un wann de als Auswärticher in Lautre was geje ne saascht, kriesche heit noch die Fress verschlaa.

Zeitbilder und Zeitzeugen

Fritz Walter

Mit somnambuler Sicherheit
Fußball und Fernsehen:
Synonym für Unterhaltung im Medienzeitalter
Fußball im Spielfilm vor fünfzig Jahren:
Realität und Realisation – zwei Welten

In Berlin wurde 1941 der Fußballfilm »Das große Spiel« gedreht. Alle verfügbaren Nationalspieler machten mit. Reichstrainer Sepp Herberger war die fachmännische Beratung anvertraut worden.

Hier wie überall leistete er gründliche Arbeit. Schlamperei war ihm verhaßt. Er studierte das Drehbuch eingehend, bevor er seine Anweisungen gab. Szenen, die dramaturgisch zwar wichtig, spielerisch aber nicht zu realisieren waren, mußten gestrichen oder geändert werden. Regisseur Stemmle ließ sich mehr oder weniger willig überzeugen.

Der Chef war damals 44 Jahre alt und sehr ehrgeizig. Zum ersten Mal in meinem Leben spielte ich mit ihm in einer Mannschaft. Diese Mannschaft war merkwürdig genug. Sie setzte sich aus Nationalspielern und Mitgliedern des Berliner Künstlerclubs »Oase« zusammen. Unser Sturm: Lehner, Walter, René Deltgen, Herberger, Josef Sieber.

Es war gar nicht so leicht, dem Chef beim Spielen alles recht zu machen. Wenn ihm der Ball nicht so zugepaßt wurde, wie er sich das vorstellte, schimpfte er, und zwar nicht knapp. Da bekam jeder seinen Teil ab, sowohl wir Fußballer als auch die Filmleute. Dabei hatte René Deltgen, als man ihm die Rolle des Mittelstürmers übertrug, im Garten seiner Villa in Dahlem mit Besessenheit und eigenem Trainer dribbeln und schießen geübt. Eine Anzahl Fensterscheiben war dabei kaputtgegangen. Abends stand Deltgen mit Muskelkater als Mephisto auf der Bühne.

Auch Gustav Knuth war doppelt beschäftigt. Tagsüber konnte man ihn als Fußballstar, abends im Theater bewundern.

Die geringste Begabung in fußballerischer Hinsicht hatte Heinz Engelmann. Wenn ich ihn später im Fernsehen manchmal als Polizeiinspektor oder als Kriminalkommissar auftreten

Mit somnambuler Sicherheit oder: Die Kunst am Ball.

sah, dachte ich, wie viel schlechter im Zupacken er damals als Torwart war.

Engelmann sollte einen Elfmeter halten. Das las sich laut Drehbuch etwa so: »Der Torwächter fängt den Ball in einer kühnen Parade halbhoch in der linken Ecke.«

Engelmann war nicht dazu zu bewegen, sich einem scharf getretenen Ball entgegenzuwerfen und gar dabei zu Boden zu gehen.

Er rührte sich einfach nicht vom Fleck. Nur bei harmlosen Rollern machte er gnädig einen Schritt seitwärts und hielt den Ball fest. Doch damit waren weder Herberger noch die Filmleute zufrieden.

Als alles Reden keinen Zweck hatte, zogen wir in eine Turnhalle um. Dort schichteten wir Matten übereinander, damit der gute Heinz Engelmann weicher fallen sollte. Endlich kam so etwas wie eine Parade zustande...

Herberger schüttelte sich vor Lachen, wenn er das Wort »somnambul« hörte. Im Drehbuch stand unter anderem der lapidare Satz: »Der Mittelstürmer schießt mit somnambuler Sicherheit ins Tor.« Ein Eckball sollte vor den Kasten gehoben werden, wo sich sofort eine Spielertraube zu bilden und zusammen mit dem Torwächter nach dem Ball zu springen hatte. Das Leder sollte nach dem ersten Schuß noch einmal ins Feld zurückgeschlagen werden. Im Nachschuß erst hatte der Mittelstürmer mit oben zitierter »somnambuler« Sicherheit ins Tor zu treffen.

So etwas kommt im Spiel immer wieder vor. Niemand macht ein Aufheben davon. Doch auf Kommando? Wir schossen den Ball nach allen Regeln der Kunst – ins Tor, neben das Tor, über das Tor! Aber nicht im Nachschuß und auch nicht mit somnambuler Sicherheit. Und wenn es mit dem Nachschuß endlich klappte, fetzte unser Mittelstürmer dem Torwart Jahn das Leder mitten auf den Bauch. Dabei sollte dieser – wiederum laut Drehbuch – bei dem Schuß gar keine Reaktion mehr zeigen.

In einer anderen Szene hatten wir, ebenfalls mit somnambuler Sicherheit, an die Latte zu schießen. Während der Proben haben wir geschossen, daß die Latte nur so krachte. Doch nach dem Kommando: »Achtung, Aufnahme, Kamera läuft!« traten wir beinahe eine Stunde lang Bälle – an die Latte ist keiner mehr geflogen. Schließlich wurde das Ziel großzügig auf »Latte oder Pfosten« erweitert. Wir haben weiterhin mit somnambuler Sicherheit danebengeschossen.

Es wurde viel gestöhnt, aber noch mehr gelacht, bis Film und Fußball sich zusammengerauft hatten.

Sogar ein größerer Zuschauerkreis kam schon bei den Dreharbeiten dieses Films auf seine Kosten. Es wurden Aufnahmen in einem vollbesetzten Stadion benötigt. Die ganze Gesellschaft zog deshalb nach Dresden. Dort spielte vor 25 000 Zuschauern im Ostragehege der Dresdner Sport-Club gegen Admira Wien.

Die Film-Mannschaften liehen sich von den beiden Klubs den Dreß aus. Das Publikum, das uns bei strömendem Regen auf den Rasen laufen sah, dachte zuerst an ein Vorspiel. Doch nachdem wir einige Zeit agiert hatten, glaubte es sich in den Zirkus versetzt.

Wolfgang Staudte, damals noch nicht Regisseur, sondern Schauspieler, sollte in geduckter Haltung die meisterhafte Vorlage seines Halbstürmers erwarten. Aber der Rasen war rutschig, der Ball naß und schwer. Wenn er auf den seifigen Boden tippte, bekam er meist doppelte Geschwindigkeit und sauste längst über die Aschenbahn in die Zuschauermenge, bevor Staudte wuchtig zum Schuß ausholte.

Die Dresdner sparten nicht mit Beifall für die komische Einlage. Die Spannung, die sonst vor großen Spielen über den Stadien lastet, war an diesem Tag erlösender Heiterkeit gewichen.

Peter Lenk

Meine erste Begegnung mit »Fritz«

Bitterkalt war's. Der Frost malte Eisblumen an die Fenster, und die Mutter hetzte meinen Bruder und mich wieder in den Keller mit der Aufforderung, Kohlen zu holen (es muß im Januar oder Februar 1954 gewesen sein). Und sie hängte jene von uns gehaßten, dunkelbraunen langen Strümpfe über die Stuhllehne. »Heut' ist's kalt, ihr müßt euch warm anziehen«, sagte sie und legte noch Strickmützen dazu, die uns ständig piesackten, weil ihre Wolle so rauh war wie ein Reibeisen.

Mein Bruder war damals dreizehn. Ich sieben. Und er verstand eine Menge vom Fußball. Beim »Kannälsche« wurde er stets als einer der ersten gewählt. Unter den Buben, die in jenen Tagen – Mitte der fünfziger Jahre – auf der Straße zwischen Kanallöchern kickten, wollte jeder »de Fritz« sein. Auch mein Bruder. Er erzählte immer vom Betzenberg, von den mitreißenden Begegnungen, »vum Fritz, vum Oddes, vum Rod, vun de Baas.«

Ich hörte dann zu mit offenem Mund, in dem ein Fußball hätte mühelos verschwinden können. Der Betze war für mich weit, ich hörte nur an Sonntagen den Jubelschrei über die Stadt fegen, bis an jenem eisigkalten Wintertag mein Bruder meinen allsonntäglich flehenden Blick nicht mehr ertragen konnte, als er sich für den Betzenberg-Besuch fertigmachte. Er nahm mich an der Hand, und wir gingen zu *Onkel Alois,* der meinen Bruder stets zu den Meisterschaftsspielen der damaligen Oberliga begleitete.

Wir stapften die Logenstraße hinunter bis zur Eisenbahnstraße, bogen an der Löwenburg links ab und in die Malzstraße ein, wo ein blinder Mann musizierte, der auf sein Schifferklavier ein Bild aus seiner Jugendzeit geklebt hatte, das ihn hoch oben auf dem Trapez stehend zeigte. Der Onkel Alois holte zehn Pfennig aus dem Geldbeutel, gab sie mir, und ich ließ sie in ein Säckchen fallen, das der Blinde zwischen die Knie geklemmt hatte.

Als wir die Stufen zum Stadion emporkletterten, hatten Onkel Alois und mein Bruder gerade mit hochroten Köpfen und heißem Atem zum zehntenmal die Mannschaftsaufstellung lautstark kritisiert und über den Schiedsrichter vom jüngst vergangenen Heimspiel geschimpft. Auf der Südseite des Stadions, über dem alten Basketballfeld, hatten die beiden ihren Stammplatz.

Das ganze Stadion brummelte und zischte, als würde über Lautsprecher das Bruzzeln von Bratkartoffeln übertragen. Vor mir standen einige, die zwischen sich kleine Sehschlitze ließen, die ich ausnutzte, indem ich einmal nach links und dann rechts hoppste. Und dann sah ich den Mann zum erstenmal, dessen Name ich tagtäglich auf der Straße hörte: Fritz, Fritz Walter. Ich erinnere mich noch, daß mir als erstes seine Haartolle auffiel, die sich mit zunehmender Spieldauer in Strähnen über seine Stirn zerlegte, erinnerte mich auch, daß jedesmal, wenn der Fritz einen Gegner mit einer Drehung ins Leere laufen ließ, der Onkel Alois meinen Bruder anstieß und mit Kennermiene sagte: »Däs, däs kann nur de Fritz!« Und jedesmal, wenn der Fritz den Ball führte, ihn zu einem Mitspieler weiterleitete, der wie aus dem Boden gestampft plötzlich da stand, wohin der Ball rollte, kam Bewegung vor mir in die Zuschauer, und sie drängten sich aneinander, als wollten sie sich mit ihren Körpern die Zuneigung und Bewunderung zu diesem Mann zu verstehen geben.

In diesem Spiel, so erinnere ich mich auch, fielen viele Tore. Wie viele weiß ich nicht mehr. Der Onkel Alois und mein Bruder lagen sich jedenfalls mehrmals in den Armen, und ich zappelte öfter am Boden, weil die Menschenmauer vor mir vor Begeisterung vor- und zurückschwappte. Und dann beendete der Schiedsrichter die Partie mit einem langgezogenen Pfiff, Onkel Alois beugte sich zu mir herab, und er hatte rote Wangen, als hätte er sich Weihnachtsäpfel auf beide Gesichtshälften geklebt, und wir ließen uns von der laut schwatzenden Menge mit hinunter ins Tal ziehen.

Mein erster Besuch auf dem Betzenberg, meine erste Begegnung mit Fritz Walter.

Knapp 25 Jahre später im Ludwigsparkstadion in Saarbrükken anläßlich eines Jugendländerspiels: Im Ehrenblock hängt eine Menschentraube um einen Mann. Buben von sechs bis sechzehn umringen ihn, strecken ihm Bilder, Papierfetzen und Programme entgegen und bitten um seine Unterschrift. Geduldig unterschreibt Fritz Walter, findet für jeden ein passendes Wort, ist gelassen, strahlt Vertrauen aus auf die, die ihn nie auf dem Rasen erlebt haben.

Ein Idol, für das der Begriff der Zeit keine Gültigkeit hat.

Heinrich Breyer

Alsenborn – das Märchen ohne Happy-End

Als Alsenborn Anfang der sechziger Jahre Schlagzeilen machte, galt das Medien-Interesse dem Fußball und, wie konnte es anders sein, Fritz Walter. Der Weltmeister trainierte damals einen Kreismeister, genauer gesagt den A-Klassenverein SV Alsenborn. Zuvor war Alsenborn publizistisch so etwas wie ein vergessenes Dorf, obwohl der Ort selbst als Urheimat vieler Artisten bei den Agenten der Zirkusarenen eine weltweite Bekanntheit genoß. Es sind nur scheinbare Widersprüche, wenn die Menschen dort zugleich als heimatverbunden und weltoffen gelten, Dörfler mit dem Drang zum Außergewöhnlichen, zu Wagnis und Risiko unter dem Motto, raus aus den Schatten der Anonymität und des Pfälzer Waldes.

Geographisch liegt die Gemeinde Alsenborn nur knapp zehn Kilometer Luftlinie östlich von jenem »gefürchteten Berg« mit dem imposanten Fußballstadion am Rande von Kaiserslautern, das den Namen Fritz Walters trägt. Und die Menschen in der Umgebung, eben auch in Alsenborn, fühlen sich seit jeher verbunden mit dieser Stadt, denn sie sprechen neudeutsch von »ihrer City«, die die Amerikaner, als sie noch die zahlenmäßig stärkste Garnison in Europa in der Westpfalz stationiert hatten, K-town nannten. Daß Alsenborn im Zug der Gemeindereform seine Selbständigkeit verlor, haben die Einwohner mittlerweile verdrängt, aber noch nicht ganz verdaut. Wer nach der Anschrift von Fritz Walter sucht, findet zwar Alsenborn noch im neuen Postleitzahlenbuch, aber korrekt ist der Ort jetzt mit der Bezeichnung Enkenbach-Alsenborn eingetragen. Verbandsgemeinde nennen die Verwaltungsstrategen solche Verbindungen. Für den »Fritz« genügt in allen Postsachen aber immer noch die Adresse Alsenborn, und wenn die Postleitzahl fehlt, setzt irgendein Beamter in der Republik die 67677 davor. Die Zahl hat man im Kopf. Häufig schleppt der Zusteller mehr als hundert Briefe, Karten, Päckchen in der Woche bergwärts, in eine der schönsten Wohnlagen, die fälschlicherweise Kahlenberg heißt. Dort wohnt der populäre Mitbürger schon seit 1965. Jeder im Ort kennt seinen Bungalow, jeder in der Gemeinde, ob alt oder jung, Fußballfan oder Nichtsportler kennt ihn, schätzt ihn, den vornehm zurückhaltenden Prominenten der Vergangenheit und Gegenwart. Und sie schmunzeln, wenn sie sich an die große Zeit ihres kleinen Dorfsport-

vereins unter der Regie des Fritz Walter zurückerinnern. Angefangen hat alles in der A-Klasse, und eigentlich begann das Märchen schon zu einer Zeit, als die Walters, der Fritz und seine Frau Italia, noch gar nicht Alsenborner Bürger waren. Die Kontakte zu dem einheimischen Bauunternehmer Hannes Ruth reichten bis in die Kriegsjahre zurück. Man spielte zusam-

Der Weltmeister betreut einen Kreismeister: Fritz Walter
trainiert den Dorfverein Alsenborn, wie immer konzentriert
und engagiert. »Friedrich« zeigt, wo's lang geht (links) und
wie lange »es« noch geht: 10 Minuten.

men Fußball beim 1. FC Kaiserslautern, bis Hannes Ruth nur noch beim SV Alsenborn kickte. Die Freundschaft der beiden überdauerte die Trennung auf sportlichem Gebiet. Ihr entsprang ein verrückter Einfall, eine Schnapsidee, die der energische Hannes Ruth schon durchgespielt hatte, bevor er Fritz Walter zur Realisierung überredete: »Das wär' doch was – den SV Alsenborn bei den ›Großen‹ mitspielen zu lassen.« Sie waren überzeugt, den Dorfverein von der A-Klasse bis in die Bundesliga zu führen. Das Märchen begann. Ruth wollte die wirtschaftlichen Voraussetzungen schaffen, Fritz Walter sein einflußreiches Ansehen vor allem bei der Verpflichtung neuer Spieler einbringen. Der Start glückte, der SV Alsenborn verstärkte sich zunächst durch zwei Meisterspieler des 1. FC Kaiserslautern: Torhüter Willi Hölz und Außenläufer Otto Render. Das war der Anfang einer geradezu rasenden Entwicklung, die als Nebeneffekt zeigte, daß sich der Verein auch zu einem beachtlichen »Sprungbrett« für Talente entwickelte: Angezogen vom Namen Fritz Walter kamen zahlreiche begabte Fußballspieler nach Alsenborn, die dann vom Dorf aus später den Weg in die große Fußball-Welt antraten. Die Späher anderer Clubs entdeckten hier ständig neuen Nachwuchs und Nachschub. Einer der Macher hat einmal ausgerechnet, daß der kleine Verein innerhalb weniger Jahre insgesamt 31 Spieler, also fast drei komplette Mannschaften, an Profivereine der 1. oder der 2. Liga abgegeben hat.

Unter ihnen befand sich auch Lorenz Horr, der Lieblingszögling Fritz Walters. Er war, wie der Ehrenspielführer des DFB, ein brillanter Techniker und glänzender Mannschaftsspieler mit exzellenten Führungsqualitäten. Später, in der Bundesliga bei Hertha BSC, stand er einmal dicht vor dem Einsatz in der Nationalelf, kam aber durch Verletzungen um seine Chance. Doch dieser Lorenz Horr war 1969, als er von Alsenborn nach Berlin wechselte, der bis dahin teuerste Transfer der deutschen Fußballgeschichte! Insgesamt 331 000 Mark blätterten die Berliner für ihn auf den Tisch, weil der damalige Herthatrainer Kronsbein diesen Spieler haben wollte, »egal, was er kostet«. Die Alsenborner kassierten davon 175 000 Mark, dazu später noch einmal 35 000 Mark als Entschädigung für ein Ablösespiel, das nie zustande kam. Lorenz Horr erreichte in Berlin höchste Popularität – auch nach dem berüchtigten Bundesligaskandal, in den einige Hertha-Spieler, nicht aber er, verwickelt waren.

Im Gegenteil: Der Pfälzer in Berlin galt in jenen Monaten als Herthas Saubermann, als Berliner Vorzeigespieler.

Keine Frage aber auch, daß Fritz Walter durch den »Verkauf« seines Schützlings verstimmt und über die Methode der Alsenborner Vereinsverantwortlichen gar verärgert war.

Zwar überließ Fritz Walter das Training Otto Render, aber er griff sehr häufig entscheidend ein, wenn es um taktische Fragen ging. Der SV Alsenborn kletterte Jahr für Jahr, von Stufe zu Stufe, nach oben: Meister in der A-Klasse, dann Meister in der Bezirksliga; nach der folgenden Runde Meister in der Amateurliga, verbunden mit dem Sprung in die Regionalliga, damals die zweithöchste Klasse. 1968 wurde mit der ersten von drei aufeinanderfolgenden Meisterschaften jeweils die Teilnahme an den Aufstiegsrunden zur Bundesliga errungen. Alle redeten sie von Alsenborn. Die kleinen Kicker vom Lande wollten im Konzert der reichen Großstadtclubs mitmischen.

Da konnte es nicht ausbleiben, daß auch der DFB über den Emporkömmling diskutieren mußte. Nicht etwa, daß er dem inzwischen deutschlandweit populären Dorfclub den eventuellen Aufstieg in die Bundesliga hätte verweigern wollen – das fürwahr nicht. Aber im Bundesliga-Statut hatten die Großvereine, als sie ihre Vorschriften selbst formulierten, einen solchen Winzling nicht vorgesehen. Schließlich brauchte ein Club in der deutschen Paradeklasse ein 15 000-Zuschauerstadion, entsprechende Parkplätze, Telefonmöglichkeiten für die Presse (das Fernsehen gab sich damals noch recht bescheiden),

Umkleideräume und überhaupt: Von all dem hatte der SV Alsenborn so gut wie gar nichts aufzuweisen. Und außerdem: Der Bundesliga-Verein sollte an jenem Ort spielen, wo er im Vereinsregister eingetragen ist, in Alsenborn also.

Der DFB bastelte an einer »Lex Alsenborn«, nach der dem Neuling, falls er tatsächlich aufsteigen würde, ein einjähriger »Aufenthalt« in einem fremden Stadion gewährt werden sollte. Die Ausnahmeregelung lag fertig formuliert in der DFB-Schublade; sie mußte freilich nie hervorgekramt werden, vielleicht auch zum Glück für den armen »Märchen-Club«.

Die sogenannten »Heimspiele« in der Aufstiegsrunde bestritten die Alsenborner im weiträumigen Ludwigshafener Südwest-Stadion – an der gleichen Stätte, an der früher die »Walter-Elf« in der Meisterschaftsendrunde große Triumphe feierte. Nirgendwo, außer im eigenen FCK-Stadion, spielte Fritz Walter lieber als in Ludwigshafen. Das »Südwest-Stadion« im Großraum Ludwigshafen/Mannheim wurde auf diplomatisches Drängen Fritz Walters, der mit der DFB-Trainerlizenz immer noch auf der Bank am Spielfeldrand saß, für den Dorfclub zur zweiten Heimat und zur Goldgrube. Durchschnittlich spielten die Alsenborner vor 25 000 bis 30 000 Zuschauern in Ludwigshafen. Im Dorf daheim blieben von 2300 Einwohnern nur die Jüngsten und die Ältesten. Alle anderen reisten zu den Spielen rund fünfzig Kilometer weiter östlich, an den Rhein.

Drei Jahre lang ging das so – dann endete das Märchen. Ohne Happy-End. Oder besser: Es klang langsam aus. Der Schwung des Dorfvereins war erlahmt; zugleich zeichnete sich die Einführung der 2. Liga mit einer höchst komplizierten Qualifikation ab. Der SV Alsenborn erfüllte nach dem »Schlüssel« seines Regionalverbandes zwar die sportlichen Voraussetzungen für die zweite Profi-Liga, nicht aber die »technischen« oder »wirtschaftlichen«. Zweifel gab es vor allem an der dauerhaften Finanzkraft des Vereins.

Alsenborn wurde zunächst für die 2. Bundesliga nominiert, auf Einspruch des »knapp dahinter liegenden 1. FC Saarbrücken« aber wieder ausgebootet. Das gleiche Spiel wiederholte sich auf der nächst höheren Ebene der DFB-Gerichtsbarkeit: rin in die Kartoffel – raus aus die Kartoffel. Klar doch, daß die große Fußball-Öffentlichkeit wieder einträchtig hinter dem kleinen Dorfverein stand und hinter dem »Großen« den mächtigen DFB-Mann Hermann Neuberger, Ehrenmitglied des 1. FC Saarbrücken, vermutete. Tatsächlich spielte Neuberger jedoch bei allen Entscheidungen keine Rolle. Die Gremien, die sich gegen Alsenborn entschieden, konnten damals freilich nicht ahnen, daß dem finanziell scheinbar besser gestellten 1. FC Saarbrücken aus wirtschaftlichen Gründen die Bundesliga-Lizenz auch wieder entzogen werden mußte und er in die dritte Klasse abgeseilt wurde.

In der dritten Klasse landete auch der SV Alsenborn, der damit wieder aus dem Blickpunkt verschwand. Vernünftige Leute im Dorf gestehen heute ein, daß sie seinerzeit bitterböse auf den DFB waren, aber heute die Entscheidung als glückhaft für den Verein empfinden. Er wäre in eine nie mehr auszugleichende Verschuldung gestolpert...

In Alsenborn ist wieder Alltag eingekehrt. Der SVA spielt wieder dort, wo die ganze Geschichte damals begann: in der A-Klasse.

Und Fritz Walter? Immer noch im Geschäft, immer noch auf Reisen findet er keine Zeit, die Spiele im Dorf zu besuchen. Aber alte Liebe rostet auch in Alsenborn nicht. Die Resultate der Amateurkicker interessieren ihn genauso wie die Ergebnisse der Profis in der Bundesliga. Da kennt er keinen Unterschied zwischen Alsenborn und Kaiserslautern. Alles andere aber ist Nostalgie: Es war einmal. Der Anfang aller Märchen steht für das Ende des Alsenborner Ausflugs in die große Fußball-Welt.

Karl Schmidt

Mitspieler, Mitstreiter, Wegbegleiter.
Versuch einer Würdigung

Meine Betrachtungen über Fritz Walter sind diktiert von Verehrung, Achtung und Zuneigung zu einem einmaligen Fußballspieler, Menschen und Freund. Ich kann sicher nicht über den »Friedrich«, wie wir ihn auch zu nennen pflegen, wie ein Geschichtsschreiber, also an Namen, Daten, Fakten orientiert, berichten. Offen gesagt: Ich schreibe als Freund, Mitglied seiner »Roten Teufel« und Mitstreiter in der Nationalmannschaft unter Sepp Herberger, und ich will versuchen, die Bedeutung von Fritz Walter für den Deutschen Fußballbund und den Fußball, ja, den deutschen Sport insgesamt deutlich zu machen.

Schon in den ersten Nachkriegsjahren waren die Nachrichten über einen großartigen Fußballspieler, der in einer für uns Nordhessen weitgehend unbekannten Stadt in der Pfalz kickte, über die französische Zonengrenze gedrungen, und spätestens seitdem ich die spärlichen Wochenschauberichte vom ersten Nachkriegsendspiel 1948 zwischen Kaiserslautern und dem 1. FC Nürnberg gesehen hatte, stand für mich, den gerade 16jährigen, fest: So einer wie der wollte ich auch einmal werden. Hätte jemand mir damals erklärt, daß ich noch viele Spiele mit diesem Fritz Walter in seiner Vereinsmannschaft und einige in der Nationalmannschaft gemeinsam bestreiten würde, hätte ich den für verrückt erklärt.

1953 trafen wir zum ersten Mal zusammen. Ein Freundschaftsspiel in Kirchhain, einer kleinen hessischen Stadt. Er, als Kapitän des 1. FC Kaiserslautern, der gerade seine zweite deutsche Meisterschaft gegen den VfB Stuttgart errungen hatte, ich, als 21jähriger Nachwuchsspieler, beim gerade in die höchste Spielklasse, die süddeutsche Oberliga, aufgestiegenen KSV Hessen-Kassel. Mein Gegenspieler war Horst Eckel, der mich – ich spielte damals halblinks – eigentlich zu bewachen hatte. Ich muß allerdings gestehen, daß ich mehr hinter ihm hergelaufen bin als umgekehrt, so daß es eigentlich nur wenige Situationen gab, in denen ich mich mit dem Fritz beschäftigen mußte. – Das war auch gut so! In der Halbzeitpause machte mich unser damaliger Trainer, Rudi Gellesch, vor dem Zweiten Weltkrieg selbst ein bekannter Spieler der damaligen Schalker Meistermannschaft und vielfacher Nationalspieler, darauf aufmerksam, daß ich, statt Fritz bewundernd zuzuschauen, ihn eigentlich zu stören, ihm den Ball wegzuschnappen hätte. Ich war in einigen Spielsituationen fasziniert von der hinreißenden Spielkunst des damals immerhin schon fast 33jährigen tatsächlich vom Gegenspieler zum bewundernden Zuschauer geworden und hatte es nicht einmal bemerkt. Der Trainer allerdings sehr genau.

Der Ausgang des Spiels war nebensächlich. Vorherrschend war die Freude, mit diesem Ausnahmespieler die »Klingen gekreuzt« zu haben. Das anschließende gemütliche Zusammensein mit den Lauterer Kameraden – das war damals durchweg nach Spielen so üblich, auch nach Punktespielen – habe ich lange nicht vergessen. Eigentlich nie. War es doch für mich später entscheidend, daß ich den Weg nach Kaiserslautern auf den Betzenberg fand. Meinem Idol, das ich in vielen Skizzen als Junge schon zeichnerisch festgehalten hatte, so nahe zu sein, ihn essen, trinken zu sehen, ihn zu hören – und sogar von ihm angesprochen zu werden, war für mich ein großes Erlebnis. Daß ich dann schon zwei Jahre später selbst in dieser Mannschaft mit Fritz Walter, Ottmar Walter, Werner Liebrich, Horst Eckel, Werner Kohlmeyer, Werner Baßler, Erwin Scheffler, Otto Render, Willi Wenzel, Werner Mangold und wie sie alle sonst noch hießen, mitspielen würde, hätte ich nie zu träumen gewagt.

Meine Ankunft im Frühsommer 1955 in Kaiserslautern hatte natürlich auch mit dem Fritz zu tun. In einem der letzten Punktspiele in Kassel, aushilfsweise als Verteidiger eingesetzt, war ich den Kaiserslauterer Spähern aufgefallen und zu einem Probetraining auf den Betzenberg eingeladen worden. Als ich, der Student mit wenig Habe, mit meinem Pappkoffer auf dem Bahnsteig stand, wurde ich abgeholt und zum Mittagessen in die Beethovenstraße zu Italia und Fritz Walter eingeladen. In der herzlichen Atmosphäre der gemütlichen Wohnung, bei einem ausgezeichneten Essen, verlor sich meine ursprüngliche Befangenheit rasch – hatte ich den Fritz doch zu seiner Verblüffung zunächst doch »gesiezt«, was er schmunzelnd registriert, dann aber schnell abgestellt hatte. Fritz und Italia haben mit ihrem unkomplizierten Umgang sicher viel dazu beigetragen, daß ich am Abend im Probespiel gegen den ob seiner Schnelligkeit gefürchteten und trickreichen Erwin Scheffler glänzend aussah. Ich wurde dann auch recht schnell mit dem Verein einig – es gab ja auch noch keine Spielervermittler, und um große Summe ging es ohnehin nicht; ich wechselte gegen ein – damals übrigens verbotenes – Handgeld in der sagenhaften Höhe von zweitausend DM – zum 1. FC Kaiserslautern. Zahlbar war dieses Handgeld in zwei Jahresraten. Ich konnte einen Schrank, einen Schreibtisch, eine Bettcouch für meine Studentenbude sowie ein Akkordeon, eine Gitarre und einen Aquarellmalkasten davon erstehen. Das Grundgehalt belief sich damals auf 160,- DM im Monat.

Schon nach knapp drei Monaten schaffte ich unter Fritzens Anleitung den Sprung in die Nationalmannschaft, wo ich bis zu meiner aus Examensgründen bedingten Absage, an der Fußballweltmeisterschaft 1958 in Schweden teilzunehmen, immerhin 9 Spiele (ganze Spiele für jeweils 90 Minuten) bestritt.

Aber ich will nicht von mir, sondern vom Fritz erzählen, glaube allerdings, daß manches nur verständlich werden kann, wenn etwas vom Hintergrund und der Art unserer persönlichen Beziehung durchscheint.

In der Vereins- und Nationalmannschaft war er eindeutig die Leitfigur, über ihm gab es noch den Chef, Sepp Herberger. Fritz Walter war ihm als Spielführer mehr als ein Mannschaftskapitän. Fritz war Herbergers verlängerter Arm, nicht nur auf dem Spielfeld, sondern weit darüber hinaus. Er war Ansprechpartner, Vertrauter, wenn es um Probleme innerhalb und außerhalb der Mannschaft ging, er besprach mit Herberger auch taktische, technische Fragen, er war Mittler und Vermittler zwischen Mannschaftskameraden und Bundestrainer, kurzum, der Fritz war im wahrsten Sinne des Wortes die Seele der Mannschaft. Er war es auf eine unaufdringliche, trotzdem aber bestimmte Weise. Mit seiner ruhigen, überzeugenden Art

Mitspieler und Mitautor: Karl Schmidt (links, 1956).

konnte er Heißsporne wie Werner Liebrich, Charly Mai oder Helmut Rahn – um nur ein paar zu nennen – zügeln und einen Mannschaftsgeist schaffen, wie ich ihn in dieser Form weder vorher noch jemals nachher wieder in einer Mannschaft angetroffen habe. Er verstand es, Grüppchenbildungen ganz schnell zu erkennen und sie so zu beeinflussen, daß keine negativen Impulse von einigen wenigen ausgehen konnten. Er gab in seiner unnachahmlichen Art auch den Ersatzspielern das sichere Gefühl des Dazugehörens, ein Problem, mit dem viele heutige Mannschaften immer wieder zu kämpfen haben. Mit wenigen Worten traf er fast immer ganz schnell den Punkt, überzeugte seine Kameraden, machte verständlich, was sie vorher nicht verstanden hatten, nannte Beispiele und Vorbilder und übertrug so auch die wohlabgewogenen Überlegungen von Sepp Herberger ins Mannschaftsbewußtsein. Ich benutze diesen – heute oft als veraltet, sentimental oder romantisierend abgetanen – Begriff »Kameraden« sehr bewußt, weil er ganz einfach zutreffend ist und das menschliche Verhältnis, das damals zwischen uns herrschte, am besten widerspiegelt. Das alte Wort »elf Freunde müßt Ihr sein« hatte Inhalt, es wurde von Fritz Walter und seinen Kameraden gelebt, tatsächlich auch so erlebt.

Wenn ich heute als Delegationsleiter mit unserer U 21-Nationalmannschaft unterwegs bin und Heavy-Metal-Music über die Lautsprecher im Bus für die Älteren der Delegation beinahe zur stressigen Nervenprobe wird, da wünsche ich mir manchmal, die jungen Burschen könnten einmal erleben, wie es war, wenn Sepp Herberger – vorn rechts im Bus sitzend – sein Lieblingslied »Hoch auf dem gelben Wagen« anstimmte und die Mannschaft dann ohne Ausnahme kräftig mitsang.

Ich weiß, man zeiht mich der Nostalgie; manche werden darauf hinweisen, wie sehr sich dies alles überlebt hat, aber, man wird ja wohl noch bedauern können, daß es heute so nicht mehr ist, nicht mehr sein kann, daß da keine elf Kameraden mehr im Bus sitzen, sondern 18 Arbeitskollegen, Konkurrenten auch, die auf dem Weg zu ihrer Arbeitsstätte sind, zu ihrem Job. Nein, in einem Artikel über Fritz Walter muß Nostalgie nicht nur erlaubt sein, sie scheint mir sogar geboten.

Wir kamen uns damals nicht wie Arbeitskollegen vor – wie ich den Begriff »Arbeit« im Zusammenhang mit »Fußballspielen« ohnedies für nicht zutreffend und schädlich halte, weil ein wesentliches Element dabei außer acht gelassen wird: die Spielfreude, die auch heute noch so wichtig für Erfolg und Mißerfolg ist. Für sie sorgten der Fritz und Sepp Herberger. Wir waren stolz, zu den Auserwählten des deutschen Fußballs zu zählen, hatten ein gemeinsames Ziel und wußten, daß es nur mit einer geschlossenen Gruppe zu erreichen war.

Allerdings muß zur Erklärung der Entwicklung auch erwähnt werden, daß damals – ganz gleich ob in der Vereins- oder Nationalmannschaft – alles viel beschaulicher, ruhiger und von der Öffentlichkeit weitgehend unbeachtet ablief. Spieler und Mannschaften standen längst nicht unter dem heutigen Druck. Jeder hatte seinen Zivilberuf, seine ungestörte Privatsphäre, sein Refugium, in das er, jenseits vom Training und Spielbetrieb, eingebettet war, aus dem er Kraft schöpfen konnte. Es gab keine hundert Spiele pro Jahr, es wurde zwei- bis viermal in der Woche trainiert, niemand mußte für die Medien ständig präsent sein, Fernsehauftritte waren selten und wurden eher als Auszeichnung, denn als Belastung empfunden. Man mußte auch als Nationalspieler nicht ständig in »Promotionsarbeit« einbezogen unterwegs sein. Es war eben alles ein wenig beschaulicher, menschlicher und intimer. In einer derartigen Atmosphäre können sich Freundschaft und Kameradschaft sicher leichter entwickeln als bei Terminzwängen, hektischer Betriebsamkeit und in einem vom Erfolg abhängigen Existenzkampf.

Fritz Walter und der Großteil seiner Kameraden lebten nicht

vom Fußball, sondern *mit* dem Fußball und *durch* den Fußball ein wenig besser, das machte unabhängiger, innerlich freier. Ich bin ganz sicher, daß Fritz Walter diese Grundstimmung gebraucht und auch genossen hat. Er war lieber Kaiser in einem kleineren Reich als Fürst in einem großen Land. Deshalb und weil er ein zutiefst heimatverbundener Mensch ist hat er glänzende Auslandsangebote immer wieder ausgeschlagen. Sicher hat ihn Sepp Herberger dabei auch väterlich beraten. So, wie er es auch einmal bei mir tat, als ich nach meinem dritten Länderspiel gegen Italien in Rom ein für damalige Verhältnisse phantastisches Angebot eines römischen Klubs erhielt. »Wisse Sie, Karl«, meinte er, »mache Sie erst einmal Ihr Studium fertig. Das ist wichtiger als die Lire. Außerdem, Sie wolle doch noch mehr Länderspiele mache! Sie spiele doch auch net gern, wenn's heiß ist. Da unte is es aber immer heiß!« Damit war das Thema Italien, Profi, Profit durch Lire, für mich erledigt. Ich vermute ganz stark, daß es ähnliche Gespräche zwischen dem Fritz und Sepp Herberger auch gegeben hat.

Wenn man der Persönlichkeit Fritz Walter gerecht werden will, muß man zwischen einer ganzen Reihe von Personen oder Rollen, die der Fritz verkörpert, unterscheiden: Da ist einmal der Fußballspieler, dann der Privatmann, der immer liebenswerte engagierte Repräsentant großer Firmen, da ist der Geschäftsführer der Sepp-Herberger-Stiftung, und da ist der liebevolle Ehemann und Freund. Muß man, kann man überhaupt Unterscheidungen vornehmen, darf man es, ohne die Person selbst falsch darzustellen?

In all seinen Facetten ist und bleibt er der Fritz, unverwechselbar, unverkennbar, liebenswert, verbindlich, liebenswürdig, zurückhaltend höflich, unaufdringlich, trotzdem aber bestimmt und energisch, wenn es sein muß, aber auch manchmal zögernd, überlegend, nachdenklich, wenn es die Situation erfordert. So blitzschnell er als Fußballer schaltete, so zögerlich konnte und kann er auf anderen Feldern sein. Sensible Menschen wie er neigen nun einmal nicht zu »Schnellschüssen«, außer beim Fußballspielen natürlich!

Ich bin schon oft gefragt worden, wer denn meiner Meinung nach der beste Fußballer aller Zeiten gewesen ist...

Abgesehen davon, daß man natürlich nicht Spieler miteinander vergleichen kann, die auf ihren speziellen Positionen herausragende Leistungen geboten haben – so würde ich zum Beispiel nie Fritz Walter mit dem Weltklasse-Abwehrspieler Franz Beckenbauer vergleichen wollen –, so stelle ich Fritz Walter an die erste Stelle der Weltklassespieler, die im offensiven Mittelfeld gespielt haben. Ich habe sie alle gesehen, die nach dem Krieg national und international großartige Fußballkunst geboten haben: Szepan (noch im Krieg beobachtet), di Stefano, Puskas, Kosics, Pele, Eusebio, Maradona, um nur einige zu nennen – hinzu müßten auf der nationalen Ebene sicher noch Wolfgang Overath, Günter Netzer und Alfred Pfaff gezählt werden. Auch, wenn man mir Parteilichkeit vorwerfen wird, auch, wenn man sagen wird, er sieht alles durch die »Lauterer« Brille: ich nenne den Fritz an erster Stelle.

Er war der universell begabte und ausgebildete Spieler auf seiner Position. Wenn er in Spiellaune war, war er ein Regisseur wie kaum ein anderer, der das Spiel beinahe prophetisch vorhersehen und bestimmen konnte, der seine Mitspieler durch seine Vorarbeit geradezu in Spielsituationen hineinzwang, ihnen die Bälle so genial – und für den Gegner überraschend – servierte, daß zwangsläufig Tore fallen mußten. Diese Fähigkeit habe ich in gleicher Vollendung bei keinem der anderen Großen so beobachten können. Er war ein Dribbler, der fast nur durch Fouls vom Ball zu trennen war. Er hatte auch großartige Qualitäten als Vollstrecker. Wie oft war er Torschützenkönig? Und was für Tore hat er gemacht! Er war ein Techniker, nein, ein echter Ballkünstler, der mit dem Ball eigentlich machen konnte, was er wollte. Ich kann mich nicht erinnern, einmal gesehen zu haben, daß ihm der Ball mehr als einen Meter vom Fuß versprungen wäre. Er liebte den Ball, forderte ihn, streichelte ihn mit dem Fuß, so als wolle er das Leder vor dem Abspiel vom richtigen Weg, den es zu gehen habe, überzeugen. Nur ganz selten drosch er mit Brachialgewalt auf sein Spielzeug ein, dafür liebte er es zu sehr. Der Ball schien an seinem Fuß zu kleben, seinem Willen unbedingt zu gehorchen. Wenn ich mich daran erinnere, mit welchem Ballmaterial damals gespielt wurde, und wie sich die Qualität, das Gewicht der Bälle und Schuhe heute positiv verändert haben, dann male ich mir manchmal aus, was dieser Ballkünstler unter heutigen Verhältnissen – auch die Rasenplätze hatten längst nicht die jetzige Güte – an Fußballkunst würde bieten können. Sicher hatte auch er seine Schwächen. Bedingt durch seine Sensibilität geschah es immer wieder, daß er durch ruppige Gegenspieler oder durch Pech im Abschluß aus der Spiellaune gebracht wurde und dann sehr schnell zur Resignation neigte. Wir sahen es dann, wenn der Kopf tiefer als sonst nach unten hing; dann wußten wir, der Fritz ist nicht gut drauf. So kam es dann immer wieder vor, daß Werner Liebrich oder einer der anderen aus der Abwehr laut über den Platz rief: »Allez hopp, Friedrich, allez hopp!« Wenn er es aufnahm, dann ging oft, aber nicht immer, ein Ruck durch seine Gestalt, und er schüttelte die Resignation ab.

Heute wird manchmal abschätzig über den Fußball der früheren Jahre geurteilt. Man wendet ein, früher hätten die Spieler viel mehr Zeit und Raum gehabt, es sei nicht so schnell und athletisch gespielt worden, dadurch hätten sich Techniker auch viel besser und leichter in Szene setzen können. Das mag zum Teil zutreffen. Aber, wenn ich daran erinnere, daß in unserer damaligen Kaiserslauterer Mannschaft mit Kohlmeyer, Baßler, Schroer, Scheffler und mir fünf Spieler standen, die die Hundertmeterstrecke unter 11 Sekunden laufen konnten, dann ist die Frage nach dem Tempo sicher ebenso schnell abgetan. Es wird doch niemand annehmen, daß wir diese Schnelligkeit nicht auf das Spiel hätten übertragen können. Fritz Walter selbst hatte einen extrem schnellen Antritt, der es ihm ermöglichte, sich blitzschnell vom Gegner zu lösen, um dann im Doppelpaßspiel, das übrigens nicht erst in der Bundesliga erfunden wurde, oder Dribbling, schnellem Abspiel etc. das Spiel fortzusetzen. Übrigens Zeit und Raum zum Spielen: Natürlich kannten alle gegnerischen Mannschaften Fritz Walters Qualitäten und nahmen ihn zumeist in strenge Manndeckung. Dies hinderte ihn aber kaum daran, trotzdem Regie zu führen, Tore zu erzielen und dem Spiel seinen Stempel aufzudrücken (falls er sich nicht in einer Resignationsphase befand). Und was das athletische Spiel betrifft, so möchte ich nur auf Werner Liebrich, auf Jupp Posipal, auf Hans Schäfer, Helmut Rahn, Horst Eckel hinweisen, die schon mit sehr viel Einsatz und mit einer recht gesunden Härte – ich nehme mich dabei nicht aus – zu Werke gingen. Allerdings, die Zahl der brutalen Fouls war erheblich geringer. Wir kämpften ja auch im Spiel nicht um unsere privaten Existenzen!

Um noch einmal zurückzukommen auf die angestellten Vergleiche: Alle die genannten großen Spieler waren Weltklassespieler, überragende Einzelkönner, die Fußballgeschichte geschrieben haben. In der Kombination aller für einen Spitzenspieler nützlichen und erforderlichen Eigenschaften reicht meines Erachtens keiner ganz an unseren Fritz Walter heran.

Worin liegt nun die überragende Bedeutung dieses Mannes für den deutschen Fußball, den DFB und den gesamten deutschen Sport? Einmal wage ich zu behaupten: Ohne ihn wären wir 1954 nicht Fußballweltmeister geworden mit all den für die Entwicklung des deutschen Fußballs und Sports insgesamt so bedeutsamen Folgewirkungen. Ich möchte diese Aussage natürlich nicht nur auf seine Leistung in diesem oder jenem Spiel beziehen, sondern ich bin sicher, Fritz Walters Führungsstil war es, der vor und im Turnier vieles an Leistungsvermögen und Leistungsbereitschaft, auch Leistungswillen aus seinen Kameraden »herausgekitzelt« hat. Herberger und Fritz Walter waren Meister im Motivieren, Meister auch in der Kunst, sich kurz und treffend auszudrücken.

Mit der Erinnerung der Fußballweltmeisterschaft 1954 hat eine Entwicklung im deutschen Fußball eingesetzt, die es ohne dieses überragende Sportereignis und ohne dieses Gespann so nicht gegeben hätte. Alle großen Erfolge der darauf folgenden Zeit basieren auf diesem ungeheuren Auftrieb unserer Sportart. Aber auch darüber hinaus erstreckte sich die Ausstrahlung dieses Ereignisses bis hinein in gesellschaftliche, soziale und politische Bereiche. Auch die nach dem Zweiten Weltkrieg für den gesamten deutschen Sport spürbare Zurückhaltung unserer europäischen Nachbarn wich nach diesem so überraschenden Erfolg schlagartig, und viele internationale Begegnungen wurden wieder möglich. Der DFB, seine Verbände und seine Vereine konnten sich plötzlich über fehlende Spielangebote aus dem Ausland nicht mehr beklagen. Die noch bestehende sportliche Isolierung – vorher durch die Zulassung deutscher Sportler zu den olympischen Spielen 1952 in Helsinki schon ein wenig aufgeweicht – fand damit ihr Ende. Neue Sportverbindungen wurden geknüpft, reger internationaler Sportverkehr wurde zur Normalität. Wie sehr dies auch der deutschen Außenpolitik genutzt hat, erfuhren wir, wenn wir anläßlich von Länderspielen im Ausland in deutschen Botschaften oder Konsulaten neue Kontakte und Freundschaften schließen konnten.

Viele dieser Auslandsverbindungen halten noch immer. Ich habe von vielen anderen Zeitzeugen immer wieder erfahren, wie stark internationale Sporterfolge auch in andere gesellschaftliche Bereiche hineinwirken und wirtschaftliche, politische und diplomatische Entscheidungen beeinflußt haben. Wenn ich mich an unsere Reise mit dem 1. FC Kaiserslautern in die USA im Frühsommer 1957 erinnere und mir dabei bewußtmache, in welcher Weise wir durch unser Auftreten auch als Botschafter Deutschlands angesehen wurden, so kann ich gerade heute nachempfinden, was uns damals unmerklich an Aufgaben unbewußt zugewachsen war. Wir wurden in New York, St. Louis, Chikago, Philadelphia und Detroit bei allen großen deutschen Gruppierungen, in Konsulaten, in Firmen, herumgereicht, und wir bekamen einen leichten Vorgeschmack von dem Presserummel, der heute auch bei uns gang und gäbe ist. Bei diesen öffentlichen Auftritten spielte Fritz natürlich neben Herberger, der mit uns nach Amerika geflogen war, die bestimmende Rolle. Er, der eigentlich nie gern in der Öffentlichkeit gesprochen hat, wurde von Mal zu Mal sicherer, geschliffener, ohne seine liebenswürdige Pfälzer Mundart zu verleugnen.

Fritz Walter hat seine »Roten Teufel« fünfmal in ein deutsches Endspiel geführt, zweimal – 1951 und 1953 – die deutsche Fußballmeisterschaft errungen. Auch das erste deutsche Endspiel – 1948, gegen den 1. FC Nürnberg in Köln – bestritt die Walter-Elf. Er hat seine – lange Zeit als Provinzstadt geltende – Heimatstadt über die Grenzen Deutschlands hinaus bekannt gemacht. Deshalb hat ihn die Stadt Kaiserslautern auch zum Ehrenbürger ernannt. Auch die erfreuliche Entwicklung der heutigen Bundesligamannschaft des 1. FC Kaiserslautern, als eine von vier Mannschaften, die von Anbeginn der Bundesliga bisher nie abgestiegen sind, wäre ohne deren Vorgänger und die für die Bundesligaqualifikation damals nachzuweisenden Punkte nicht denkbar gewesen.

Unabschätzbar sind aber wohl die Tausende und Abertausende von kleinen Fritz Walters, die durch sein Beispiel angeregt zum Fußballsport und zu unserer Gemeinschaft gefunden haben. Noch heute stehen die Fans Schlange, wenn der Fritz auf Autogrammtour geht. Sie alle verehren in ihm einen Menschen und Sportler, mit dem sie sich rückhaltlos identifizieren können, einen Menschen, der selbst nach den größten Erfolgen nie abgehoben hat, der immer einer der Ihren, einer zum Anfassen geblieben ist.

Als Repräsentant der Sepp-Herberger-Stiftung des DFB reist er regelmäßig durch die Lande und hilft Sportlern und deren Familien, die unverschuldet in körperliche, seelische oder finanzielle Not geraten sind. Nach Herbergers Tod hat er sich ganz besonders seiner früheren Mannschaftskameraden angenommen und immer wieder Hilfe, manchmal existentiell notwendige Hilfen, gewährt. Er hat als Vorbild seine Truppe von damals über all die Jahre zusammengehalten, und es ist immer wieder rührend und ergreifend, dabei zu sein, wenn man sich aus dem einen oder anderen Anlaß trifft. Unermüdlich setzt der nun 75jährige seine Besuche in den Jugendstrafanstalten fort, bringt mit seinen Erzählungen, seinen Berichten und auch seinem Zuhören ein wenig Licht und einen Funken Hoffnung in die grauen Gemäuer und in die Herzen der Inhaftierten. Ich bin sicher, daß die Wirkung dieser Besuche mit Veranstaltung interner und auch externer Fußballspiele, mit der Überreichung von Trikots, Fußballstiefeln und kleiner Erinnerungsgaben an die Gefangenen, die Arbeit der für die Resozialisierung zuständigen Stellen und Personen nachhaltig unterstützt und fördert.

Ich habe versucht, Fritz Walters Bedeutung für den DFB, für den deutschen Fußball und den Sport zu beschreiben, wohl wissend, wie subjektiv dieses Unterfangen bei jahrzehntelanger Freundschaft erscheinen mag. Aber so habe ich diese imponierende Persönlichkeit erlebt, und ich gebe auch gerne zu, daß ich meinem Schicksal dankbar bin, Fritz Walter kennengelernt zu haben und ihm Wegbegleiter zu sein als Freund, Mitspieler und Mitstreiter im Deutschen Fußballbund.

Rudi Michel

Unterwegs mit dem prominenten Freund

Einer wie er eignet sich nicht als Selbstdarsteller oder Showman der Medienzeit. Die Fragen, Wo stehen die Kameras? Wo hängen die Mikrofone? hat er nie gestellt. Vielleicht ist er tatsächlich das letzte Idol ohne Publicitysucht, obwohl er sich der Öffentlichkeit nicht verschließt. Er hat nicht vergessen, daß ihm Hunderttausende – oder waren es damals auch schon Millionen – zugejubelt haben, damals nach Bern 1954 und all die Jahrzehnte danach.

Einer wie er wird seine Fans niemals enttäuschen. Er gibt Autogramme, daheim und unterwegs, bei jeder Begegnung erfüllt er alle Wünsche, schreibt auf Bildkarten, in Bücher, auf Trikots und sonstwohin. Einfach etwas hinkritzeln, das bringt er auch in der engsten Bedrängnis und turbulenten Hektik nicht übers Herz, das widerspräche seiner Korrektheit. Der Namenszug sieht eher nach Kalligraphie aus, geschrieben wie gestochen.

Da er sensibel wie ein Künstler ist, hat jeder öffentliche Auftritt für ihn Premierencharakter mit Lampenfiebererscheinungen. Superstars von heute können da mitfühlen, denn sie wissen, daß Popularität auch zur Plage werden kann, eine Erkenntnis, die auch ihn bedrückt, geradezu peinigt auf langen Reisen. Und als Repräsentant mehrerer Firmen und der Sepp-Herberger-Stiftung ist er kreuz und quer durch Deutschland auf Achse. Immer mit der Bahn. Jahreskarte erster Klasse für alle Züge, Großraumwagen, Nichtraucher, Einzelsitz in der ersten Reihe vorne rechts, hinter der Automatiktür.

Er schützt sein Inkognito mit einer Zeitung, die er liest, studiert von vorn bis hinten, denn die Lektüre endet nicht beim

Sportteil. Der Schutzschild hilft zwar nicht immer, aber er muß nicht jedem Mitreisenden das Einst und Jetzt erklären, wie es damals war und heute ist...

Fliegen fällt flach, wie er sagt, und deshalb trat er wohl mehr als hundertmal seit den fünfziger Jahren Reisen nach Berlin und zurück mit dem Zug an. Zur Zeit der Interzonenzüge benutzte er den Schlafwagen durch die DDR. Den Paß für die Grenzkontrollen hielt der Schaffner mit einer ausreichenden Zahl an Autogrammkarten bereit. Kein Volkspolizist hat ihn je geweckt, kontrolliert oder gar durchsucht.

Allerdings, mit der absoluten Flugverweigerung stimmt das nicht so ganz. Zur Weltmeisterschaft 1962 nach Chile flogen wir zusammen nach Santiago. Er saß drei Reihen vor mir. Reger Zettelaustausch mit der immer gleichlautenden Frage: Wie lange noch? Und immer habe ich ihn ein bißchen belogen, ein bis zwei Stunden kürzer notiert als vorgegeben waren. Lügen für einen Freund mit Flugangst muß erlaubt sein. Wie gut für ihn und für mich, daß es damals noch keinen Bordcomputer gab. Meine Tricks hatte er bald durchschaut, aber nicht dagegen opponiert. Ich war übrigens nicht der einzige, der den Freund über die tatsächlichen Situationen hinwegtäuschte: Herberger hatte ihn nach Südamerika gelockt, um ihn dort mit 42 Jahren (!) noch einmal für die Nationalmannschaft und das Turnier zu reaktivieren. Aber da ist der »Alte Fritz« doch standhaft geblieben.

Souveräne Haltung und psychische Stärke beweist Fritz Walter als Repräsentant der Sepp-Herberger-Stiftung beim Besuch von Justizvollzugsanstalten zur sozialen Betreuung der Inhaftierten. Nur eine kleine »Mannschaft« darf ihn unterstützen. Ich war achtmal dabei, zuletzt in den neuen Bundesländern. Ein außergewöhnlicher Auftritt ist das allemal, und deshalb spricht er sich mit Ironie Mut zu: »61 Länderspiele, dabei bleibt's – bisher 69 Kontaktbesuche in Vollzugsanstalten und noch kein Ende abzusehen.«

*Aktion ohne Öffentlichkeit. Als Repräsentant der
Sepp-Herberger-Stiftung beim Besuch einer Justiz-
vollzugsanstalt zur sozialen Betreuung der Insassen:
»Versucht, es in Zukunft anders, besser zu machen.«*

JVA Schwarze Pumpe bei Hoyerswerda. In der Schleuse zwischen zwei geschlossenen Gittertüren kehrt für eine Minute Ruhe ein. Nur drei knappe Sätze des »Kapitäns« durchbrechen die Stille: »Bleibt beisammen. Paßt auf. Das ist kein Spaziergang.« Ein Schlüsselerlebnis, das du nicht vergißt, und irgendwie bewegt dich der Gedanke, so knapp und präzis, aber auf den Punkt genau muß er einst Mannschaften in der Kabine zur Konzentration gezwungen haben: Jetzt wird's ernst, jetzt gilt's. Die Kontakte im Innenhof kommen auf einem Kleinfeld-Sportplatz zustande (wo Aggressionen im Spiel abgebaut werden), dann im Gemeinschaftsraum, wo mit den Insassen über das Leben *in* unserer Gesellschaft und nicht *neben* der Gesellschaft gesprochen wird. Fritz Walter mahnt eindrucks-

Sportartikel-Präsente sind nur eine Zugabe. Die Kontakte haben einen höheren Stellenwert.

voll: »Vergeßt, was war, und versucht, es in Zukunft anders, besser zu machen, euch wieder über Sportvereine einzugliedern in ein normales Leben, damit ihr wieder Anschluß findet an die Gesellschaft.« Manchem Begleiter geht das unter die Haut. Aus der freien Rede spricht keine Routine, aber ehrliches Engagement. Die Zwanzig- bis Dreißigjährigen kennen ihn nicht, sie haben nur von ihm gehört, über ihn gelesen oder ihn im Fernsehinterview gesehen, aber bei vielen kehrt an diesem Nachmittag Nachdenklichkeit ein.

Die Mission des Fritz Walter ist Aktivität ohne Öffentlichkeit, eine Sache, die einen Sinn ergibt, aber keine Schlagzeilen. Da erscheint es banal, an die finanzielle und materielle Seite des Unternehmens zu erinnern: 30 Trikots, Hosen, Stutzen, 30 Paar adidas-Fußballschuhe und zwei Bälle schleppen Helfer in jede JVA. Der Wert an Sachleistungen ist mit 80 mal 3000,- DM leicht nachzurechnen. Um die Summe aber geht es wirklich nicht.

Als wir am anderen Tag im nächsten Gemeinschaftsraum, in der Vollzugsanstalt Zeithain bei Riesa sitzen, faßt Hans-Jürgen (»Dixie«) Dörner (100 Auswahlspiele für die DDR) seinen Eindruck in einem Satz zusammen: »Absolutes Neuland für einen Neuling, aber ich bin vom Sinn, Zweck und Erfolg dieser Aktionen überzeugt, nicht zuletzt weil der Fritz das überzeugend macht.«

Nach Fritz Walter spricht Goetz Eilers, Chefjustitiar des DFB und Geschäftsführer der Sepp-Herberger-Stiftung. Er erinnert die Insassen daran, daß sie »nicht für alle Zeiten aus der Gesellschaft ausgeschlossen sind, und weil eine Resozialisierung nicht früh genug beginnen kann, will der DFB mit der Herberger-Stiftung seinen Teil zur praktischen Hilfe beitragen«.

Zwei strapaziöse Tage ohne das vordergründige Gerede über Meisterschaften, Pokale, Prämien, Profis und Profite – und gar keine Schlagzeilen? Doch, sagt resignierend Fritz

Walter. Das Lokalblatt hat über drei Spalten getitelt: Fritz Walter im Gefängnis. Eigentlich stört es ihn nicht mehr, denn er hat Verständnis gewonnen für die Belange der Journalisten. Das war nicht immer so. Lob und Anerkennung des DFB-Präsidenten Egidius Braun, der solche Kontaktbesuche häufig begleitet, haben besonderes Gewicht. »Der Fritz kommt an«, sagt Braun, »er fasziniert, wo immer er auftaucht, und er überzeugt durch die Ehrlichkeit seiner Sätze, Wort für Wort.«

Fritz Walters Freund Uwe Seeler ist sein Vertreter bei diesen diffizilen Aufträgen. Uwe hat auch bereits mehr als zehn JVA-Besuche auf dem Buckel. »Uns Uwe macht das genausogut wie ich«, sagt der Sensible, der den Robusten besonders schätzt. Sie haben sich, wie früher im Spiel, gesucht und gefunden, eine Männer-Freundschaft, die hält.

Der Orden der Republik, 1970 überreicht von Ministerpräsident Helmut Kohl; rechts: Hans Schäfer, Sepp Herberger.

Der Fritz war ein Ausnahmefußballer, dem es aber nicht schwergefallen ist, von der großen Bühne abzutreten. Normalität ist seine Stärke geblieben. Schwach wird er nur, wenn es um Ehrungen und Auszeichnungen für ihn geht. »Als er 50 wurde, stand er vor 30 000 im Stadion mit dem Verdienstkreuz am Hals und Tränen in den Augen«, schrieb ein Zeitungskollege zutreffend. Als er fast 75 war, bat ihn die FIFA noch einmal zu einer offiziellen Feier ins Berner Wankdorf-Stadion, dorthin wo die Deutschen zum ersten Mal Weltmeister geworden waren. Der Weltverband verlieh ihm den »Ordre de la Mérite« in Gold, für besondere Verdienste um den Fußball. Da setzte das Nervenflattern wieder ein. Zwei Stunden vorher im Hotel: »Stell' dir vor, die Nationalmannschaften der Schweiz und Deutschlands werden auf dem Feld Aufstellung nehmen, und

Der Orden der FIFA, 1995 überreicht von Präsident Havelange und Generalsekretär Blatter.

erst dann soll ich mit FIFA-Präsident Havelange und Generalsekretär Blatter den Platz betreten. Nach dem Zeremoniell spielen sie zuerst die deutsche Hymne (für die Gastmannschaft) und dann die Schweizer. Noch einmal das Deutschlandlied, ausgerechnet in Bern, wie am 4. Juli 1954. Das wird schwer.« Der Weltstar braucht Beistand, der Mann, der einst souverän die Massen faszinierte, fiebert.

Ein paar Mal mußte er dann durchatmen, und der Tränen brauchte er sich nicht zu schämen. Als er alle Spieler mit Handschlag begrüßt, ist zuletzt Stefan Kuntz, ein Betzenberger der Jetzt-Zeit, an der Reihe. Der steht genau dort, wo er selbst nach dem WM-Finale stand, ganz am Ende der langen Reihe. Die innere Anspannung löst sich, als er ihm um den Hals fällt.

Später ist stille Stunde in der hintersten Ecke des Hotelpalastes angesagt. Von Zwiespalt und Zweifeln geplagt, fragt er in die Runde: »Warum immer ich, ist das keine Zurücksetzung meiner Mitspieler? Wir haben als Mannschaft gewonnen, hier in Bern und auch sonst als Vereinself.« Wir reden auf ihn ein, sprechen von Vorbildfunktion und Leitfigur, von Uwe Seeler 1966, Franz Beckenbauer 1974, der den FIFA-Orden vor ihm erhielt, und auch von Matthäus 1990. Erst dann erzählt er selbst von leisen und lauten (Feier-)Stunden mit Werner Liebrich und anderen Mannschaftskollegen. Wenn er dann die Frage stellte, was wäre ich ohne euch, pflegte Werner Liebrich spontan die Gegenfrage zu stellen: Was wären wir ohne dich.

Das (seelische) Gleichgewicht ist wieder hergestellt.

Am nächsten Morgen fährt er früher heim als sonst. Mit der Bahn, erster Klasse, Großraumwagen, Nichtraucher, Einzelsitz, erste Reihe rechts, gleich hinter der Automatiktür. Viel Zeit zum Nachdenken. Abheben wird er nie. Er ist wirklich, wie er selbst von sich sagt, immer mit beiden Beinen auf dem Boden geblieben. Der Antistar ist die personifizierte Bescheidenheit.

Wilfried Burr

»Der Erfinder von Kaiserslautern«

Die Kirche hat einen Zwiebelturm. Er ist für den, der nicht allzuoft in das vor Jahrzehnten berühmte Fußball-Dorf Alsenborn kommt, so etwas wie ein Richtungsweiser. Irgendwo beginnt hier die Leininger Straße. Das letzte Haus oben am Waldrand trägt die Nummer 104. Landhaus im Bungalowstil. Baujahr '65.

Der Schreibtisch im Arbeitszimmer, an das die gute Stube wandlos anschließt, quillt über von Papier: Geschäftspost, Autogrammwünsche, Zeitungen, Magazine, Bücher. Das häufige Schrillen des Telefons bestätigt die unverminderte Geschäftigkeit des Hausherrn. Fritz Walters Popularität und Beliebtheit sind ungebrochen; er ist immer noch eine lebendige Brücke aus großer Fußball-Vergangenheit herüber in die Gegenwart. Die Hatz der täglichen Autogrammstunden kreuz und quer durch die Republik hat er seit einigen Jahren zwar gedrosselt, aber es gibt für den Gentleman des Sports immer noch genug zu tun.

Er blättert in seinem aktuellen Auftragsbuch: Teilnahme am Kanzlerfest in Bonn; Pfalz-Landsmann Helmut Kohl hat persönlich eingeladen. Beim Spiel der Weltauswahl zu Franz Beckenbauers fünfzigsten Geburtstag in München, große Wohltätigkeitsveranstaltung in Berlin, Gast beim 90. Geburtstag seines Freundes Max Schmeling, Länderspiel in Köln. Wieder Berlin; eine Premiere der bekannten Schauspielerin Brigitte Grothum. Ihr Mann ist Professor Manfred Weigert. Für das Ehepaar Walter die erste Adresse, wenn es Gesundheitsprobleme gibt. Man ist eng befreundet.

Seit mehr als zehn Jahren ist Fritz Walter Repräsentant der Herberger-Stiftung; seit sich die Dimensionen dieses resozialen Bereichs auf die neuen Bundesländer ausgeweitet haben, stehen noch mehr Daten im Terminkalender. Adidas hat sich schon vor vier Jahrzehnten die PR-Dienste des »Alten Fritz« gesichert und sie auch für die Zukunft festgeschrieben. Andere Großfirmen wie Walbusch, Solingen – bekannt durch die Trelegant-Hemden mit dem Kragen ohne Knopf, Firma Richard Borek, Briefmarken und Münzen, Braunschweig, die Sportartikelfirma Derbystar in Goch am Niederrhein, die Kurpfalz-Sektkellerei in Speyer verwerten den guten Namen des Fußball-Edelmannes aus der Pfalz in ihren PR-Aktivitäten. »Um sich mit den Produkten und Artikeln der Firmen zu identifizieren, mußt du reisen, fast ohne Pause unterwegs sein. Sie machen Autogrammstunden und Talkshows mit mir. Mal sind Uwe Seeler, mal Franz Beckenbauer, mal Wolfgang Overath mit von der Partie«, freut sich Fritz Walter über das ungebrochene Interesse an seiner Person und unterlegt die Feststellung mit der Fußnote: »Mein Marktwert ist nach mehr als 40 Jahren nicht gefallen, sondern gestiegen!« Richard Borek hat sogar Fritz-Walter-Telefonkarten auf den Markt gebracht.

Das viele Papier auf dem Schreibtisch in Alsenborn ist nicht nur Ausdruck geschäftlichen Erfolgs. Da sind auch kleine menschliche Regungen und Rückpässe gestapelt. Wir haben aus dem Bündel einige Beispiele herausgepickt. Das Betreuerteam des Pallottihauses in Neunkirchen, das lernbehinderte und verhaltensgestörte Kinder in seiner Obhut hat, übermittelt eine nette Geschichte. »Wer ist denn der Fritz Walter«, fragte die Betreuerin Ute Speichermann in ihrem Kinderkreis. Die bemerkenswerte und zum Schmunzeln anregende Antwort kam von Christian: »Das ist doch der Erfinder von Kaiserslautern!«

Der 71jährige Dr. Joachim Seeländer aus Berlin hat Fritz Walter handschriftlich zum Erhalt des FIFA-Ordens gratuliert. Zitat: »Ich verneige mich vor dem Mann, der auch uns ehemaligen DDR-Bürgern ein Vorbild an Menschlichkeit war und ist.

Daheim in Alsenborn, im Refugium mit Frau Italia.

Es gelang mir, Sie am 21. August 1955 (!) mit Ihren Sportfreunden – jeder Name für mich ein Begriff – in Moskau spielen zu sehen. An Begrüßung u. ä. war nicht zu denken.« Der Schreiber bittet um ein Foto mit Widmung und wünscht: »Bleiben Sie und Ihre Lieben vor allem gesund!« Aus einem anderen Gratulationsbrief zur FIFA-Ehrung: »Und als ich dann noch einmal die Bilder von 1954 gesehen habe, lieber Fritz – auch nach 41 Jahren habe ich wieder eine Gänsehaut bekommen.«

Elisabeth Gleich aus Offenbach läßt über den bekannten und mit dem Ehrenspielführer befreundeten Sportpublizisten Hans Blickensdörfer Grüße und Glückwünsche nach Alsenborn übermitteln: »Das bringt keine Gefahr, denn ich bin inzwischen 87 Jahre alt, aber Lautern und Bayern München gehen mir auch heute noch nicht durch die Lappen.«

Fritz Walters Posteingang ist eine Fundgrube, das ungebundene Geschichtsbuch eines großen Fußballer-Lebens.

Der einstige Fußball-Feldherr lebt gern und gut. »Wir beten zum lieben Gott, daß wir in drei Jahren Goldene Hochzeit und später zur Jahreswende das Jahr 2000 mit einem großen Glas Fritz-Walter-Sekt begrüßen können«, nennt Fritz Walter seine zeitlichen Wünsche. »Dann wäre ich fast 80 und so alt, wie der Chef geworden ist.« Der »Chef«? Sepp Herberger ist im Hause Walter auf Fotos und Dokumenten vielfach verewigt, wird vom Hausherrn immer wieder mit Respekt und Dankbarkeit erwähnt. Der Chef und Ehefrau Italia – zwei unverrückbare Markierungspfeiler auf Fritz Walters Lebensweg.

Die Frau an seiner Seite, in Italien geboren, in Frankreich aufgewachsen, in der Pfalz vor Jahrzehnten mit Vorurteilen empfangen (»Die kann nicht kochen, die kann nicht nähen, die macht unseren Fritz fertig«), ist auch nach mehr als 47 Ehejahren der Richtungweiser: »Ohne meine Frau hätte ich das

Der Fußball bleibt seine Welt. Auch am Schreibtisch.

alles nicht geschafft; sie hat mich immer im positiven Sinn geschoben. Wir sind total schuldenfrei, haben uns alles selbst erarbeitet.«

Die Katholikin Italia und der Protestant Fritz fühlen sich wohl in ihrer ökumenischen Ehe, die kinderlos bleiben mußte. »Wir glauben an den lieben Gott und beten für die Familie, für Deutschland, für den Frieden in der Welt und – wenn es auch komisch klingen mag – für den 1. FCK, daß er nicht mal absteigt, und für die Nationalmannschaft.«

Das erste Halbjahr 1995 warf gesundheitliche Schatten auf die heile Welt der Walters: Italia erlitt bei einem Hausunfall an Heiligabend '94 einen Oberschenkelhalsbruch. Fritz, vor 18 Jahren zum erstenmal am Hüftgelenk operiert, stieg zum täglichen Besuch über die vielen Treppenstufen bis zum siebten Stock im Städtischen Krankenhaus Kaiserslautern (»Liebe schützt vor Torheit nicht«) und schuf sich mit dieser sportlichen Spätübung selbst neue Hüftprobleme. Da gab es so etwas wie einen Pendelverkehr der Walters zwischen Alsenborn und Berlin: Erst Fritz zum Erhalt des neuen Hüftgelenks beim befreundeten Professor Weigert, danach Italia. Beide hatten in der Klinik an der Spree nacheinander dasselbe Zimmer und viel prominenten Besuch.

Beide haben diese unangenehme Zeit längst hinter sich gelassen. »Wir sind zufrieden trotz eines unglücklichen halben Jahres. Alles war ja reparabel«, so ist das triste Kapitel in der Walterschen Familiengeschichte ohne Jammern und Klagen abgehakt worden.

Widmen wir auch einige Zeilen der »zweiten Frau« in Fritz Walters Leben: Renate Kehl erledigt für Fritz Walter seit 35 Jahren die schriftliche Arbeit, organisiert und plant für ihn. »Normalerweise kommt sie einmal in der Woche, im Bedarfsfall auch an weiteren Tagen. Firmen und Agenturen rufen bei ihr daheim an und fragen nach Terminen – wir sind im Doppelpaß ein eingespieltes Paar«, lobt Fritz Walter seine Geschäftsführerin.

»Wir haben kein Büro und kein Faxgerät«, die Arbeit wird noch nach Praktiken der guten alten Zeit abgewickelt.

Und da hat Renate Kehl (»Das treue Kehlchen«) alles bestens im Griff. Sie kann auch authentisch Auskunft geben über den Umfang der Posteingänge in der Leininger Straße 104: Wöchentlich kommen etwa 150 Briefe und Autogrammwünsche, zum 70. Geburtstag von Fritz registrierte sie annähernd 7000 Briefe und Karten.

Fritz Walter – immer sanft und höflich. Kann er eigentlich einer Fliege weh tun? Seine eigene Einschätzung: »Ich bin Skorpion; ungeheuer ehrgeizig, aber sehr ausgeglichen und sensibel. Wenn ich das Gefühl habe, man tut mir unrecht, kann ich schon mal zornig und etwas übertrieben laut werden. Wir Skorpione ziehen nur den Stachel, wenn wir getreten werden.« »Getreten« fühlte er sich zu aktiven Zeiten schon mal von seinem unerbittlichen Gegenspieler Waldemar Philippi (1. FC Saarbrücken); da machte er gelegentlich eine Sprachanleihe bei Götz von Berlichingen. »Nach dem Spiel aber gab es den freundschaftlichen Händedruck, und wir haben zusammen ein Bierchen getrunken.«

Wenn der 61malige Nationalspieler die Stationen seines Lebens Revue passieren läßt, gerät er an einer Stelle ins Grübeln: »Die beste Zeit eines Fußballers ist mir durch den Zweiten Weltkrieg verlorengegangen. Das waren acht Jahre, die mir fehlen. Das stimmt mich hin und wieder etwas traurig.« Doch er läßt aufkommender Tristesse keinen Spielraum und startet den positiven Konter: »Der liebe Gott ließ mich Weltmeister werden, was will man mehr? Ich kann auf ein erfülltes Leben zurückblicken, in dem es nie Langeweile gab; privat, geschäftlich und sportlich ist alles gut gelaufen.«

»Chef« Herberger hat ihm dazu den Kurs vorgezeichnet: »Nach oben zu kommen ist nicht schwer, viele Jahre oben bleiben dagegen sehr. Im Sport und im ganzen Leben.« Fritz Walter ist immer noch oben.

Autoren

Michael Bauer
Autor und Journalist (Kultur) beim Südwestfunk Mainz. Buch- und Schallplatten-Veröffentlichungen. Literaturförderpreis des Landes Rheinland-Pfalz; Deutscher Kleinkunstpreis.

Hans Blickensdörfer
Schriftsteller, Buchautor, u. a. Weltbestseller »Die Baskenmütze«. Weitere Bestseller, die in mehrere Sprachen übersetzt wurden: »Bonjour Marianne«, »Pallmann«, »Salz im Kaffee« und »Jürgen Klinsmann«, Engelhorn Verlag, Stuttgart, außerdem »Ein Ball fliegt um die Welt«, DVA, Stuttgart.

Stefan Brauburger
Freier Publizist, Redakteur und Regisseur im Ressort Zeitgeschichte des ZDF, Uni-Lehrbeauftragter für Journalistik und Politikwissenschaft.

Heinrich Breyer
Beginn der journalistischen Tätigkeit im Mai 1947. Seit 1951 Sportredakteur bei der Tageszeitung »Die Rheinpfalz«, seit 1968 Ressortleiter Sport.

Wilfried Burr
Sportredakteur der »Saarbrücker Zeitung« seit 1965; Ressortleiter Sport von 1970 bis 1993. Seit 1994 Ressortleiter Reise- und Motorjournal. Mitautor des DFB-Buches »Hermann Neuberger«.

Friedrich Christian Delius
Geboren in Rom, aufgewachsen in Hessen, lebt seit 1963 in Berlin. Schriftsteller, veröffentlichte in den letzten Jahren die Romane »Ein Held der inneren Sicherheit«, »Mogadischu Fensterplatz«, »Himmelfahrt eines Staatsfeindes«, den Gedichtauswahlband »Selbstporträt mit Luftbrücke« und die Erzählungen »Birnen von Ribbeck«, »Der Spaziergang von Rostock nach Syrakus« und »Der Sonntag, an dem ich Weltmeister wurde«, alle im Rowohlt Verlag, Reinbek.

Prof. Dr. Jörg Drews
Feuilletonredakteur bei der »Süddeutschen Zeitung« von 1969 bis 1974. Professor für Literaturkritik und Literatur des 20. Jahrhunderts an der Fakultät für Linguistik und Literaturwissenschaft der Universität Bielefeld.
Zusammen mit Klaus Ramm Leiter des Bielefelder Colloquiums Neue Poesie. Mitglied des PEN-Zentrums und der Lord Jim Lodge.

Alfred Georg Frei
Studierte Geschichte und Politik in Konstanz, Bordeaux und Innsbruck, arbeitete danach als Wissenschaftler und freier Journalist. Koordinator am Badischen Landesmuseum Karlsruhe.

Ludwig Harig
Schriftsteller. Veröffentlichungen u. a.: »Ordnung ist das ganze Leben«, »Weh dem, der aus der Reihe tanzt«, »Die Hortensien der Frau von Roselius«, alle Romane erschienen im Carl Hanser Verlag, München, und im Fischer Taschenbuchverlag, Frankfurt.

Arthur Heinrich
Redakteur der Blätter für deutsche und internationale Politik, Bonn. Autor des Buches »Tooor! Toor! Tor! – 40 Jahre 3 : 2«. Herausgeber und Verfasser fachspezifischer Texte.

Wolfgang Hempel
Sportreporter/Redakteur bei Radio DDR, Fernsehjournalist.

Benjamin Henrichs
Seit 1969 Kritiker, seit 1973 Theaterkritiker und Redakteur im Feuilleton der Zeit.

Prof. Dr. Klaus Hildebrand
Historiker (Historisches Seminar der Universität Bonn). Veröffentlichungen u. a.: »Von Erhard zur Großen Koalition 1963 bis 1969« (Geschichte der Bundesrepublik Deutschland, Band 4), »Das vergangene Reich. Deutsche Außenpolitik von Bismarck bis Hitler 1871 bis 1945«, beide erschienen in der Deutschen Verlags-Anstalt, Stuttgart.

Richard Kirn (†)
Journalist und Schriftsteller. Veröffentlichungen u. a. »Tagebuch«, »Mit RK unterwegs«, »Der lachende Fußball«.

Erich Klaila (†)
Journalist (Sportfeuilleton) »Frankfurter Neue Presse« und »Nachtausgabe«.

Peter Lenk
Seit 1971 Sportredakteur bei der Tageszeitung »Die Rheinpfalz«. Drei Buchveröffentlichungen über den 1. FC Kaiserslautern.

Rudi Michel
Ehemaliger ARD-Fernsehkommentator und Hauptabteilungsleiter Sport für Hörfunk und Fernsehen beim Südwestfunk Baden-Baden bis 1987.

Karl Schmidt
Ministerialdirigent a. D.; Studium: Rechts- und Staatswissenschaft, Sport. Neun A-Länderspiele; Fußball-Lehrer-Lizenz. Präsidiumsmitglied (Schatzmeister) des DFB. Veröffentlichungen: Kommentar zum »Sportförderungsgesetz« des Landes Rheinland-Pfalz.

Heinz Schumacher
Von 1947 bis 1989 Ressortleiter Sport bei der »Rhein-Zeitung«, Koblenz. Seit 1989 freier Journalist. 26 Journalisten-Preise auf Bundesebene (Sport, Politik, Medizin, Reise, Wirtschaft), Buchautor.

Dr. Gerhard Seehase
Ehemaliger Oberligaspieler Altona 93; Autor mehrerer Sportbücher, u. a. »Der Verein – Sport und Gesellschaft«. Seit 1976 Redakteur bei der Wochenzeitung »DIE ZEIT«. Vorher Sportredakteur bei der Tageszeitung »Die Welt«.

Fritz Walter
Repräsentant der Sepp-Herberger-Stiftung und verschiedener Firmen. Kapitän der Weltmeister-Elf von 1954 und Ehrenspielführer des Deutschen Fußballbundes.

Dietrich Weise
Dipl.-Fußball-Lehrer, Cheftrainer verschiedener Bundesliga-Clubs, Trainerstab Deutscher Fußballbund, Cheftrainer des Ägyptischen Fußballverbandes und des Liechtensteiner Fußballverbandes.

Horst Vetten
Journalist und Schriftsteller. Veröffentlichungen: Kinderbücher, u. a. »Kalle, Fritz und Do«, das Sportbuch: »Rekorde und noch ein bißchen« sowie »Deutschland, deine Deutschen« und »Deutsches Gelächter«.
Fernsehdokumentationen. Theodor-Wolff-Preis, Herwig-Weber-Preis, Internationaler Sport-Oscar.

Herbert Zimmermann (†)
Radioreporter von 1947 bis 1966; Fernsehkommentator ab 1954. Hauptabteilungsleiter Sport für Hörfunk und Fernsehen beim NDR Hamburg.

Quellenverzeichnis

Fritz Walter: Das wichtigste Spiel meines Lebens, aus Fritz Walter: Rote Jäger, Nationalspieler im Krieg, Copress Verlag, München

Heinz Schumacher: Was is? Hasche Mumm?, aus: Heinz Schumacher: Stars, Käuze, starke Typen, Kleine RZ-Bücherei, Mittelrhein-Verlag, Koblenz 1989

Richard Kirn: Der Regen von Bern, aus: Richard Kirn: Rund um den Sport, Humboldt-Taschenbücher, Verlag Lebendiges Wissen, Frankfurt/Main 1956

Stefan Brauburger: Das Wunder von Bern, aus: Damals 1954, hrsg. von Guido Knopp, Deutsche Verlags-Anstalt, Stuttgart 1993

Alfred Georg Frei: Die Heimkehr, aus: Alfred Georg Frei: Finale Grande 1954. Die Rückkehr der Fußballweltmeister, Transit-Buchverlag, Berlin 1994

Arthur Heinrich: Gute Jungens, Volk, wie das Volk, aus: Arthur Heinrich: Tooor! Toor! Tor!, Rotbuch-Taschenbuch, Hamburg 1994

Klaus Hildebrand: Der Slogan, wir sind wieder wer..., aus: »Der unvergessene Triumph«, ARD-Fernsehsendung vom 30. Juni 1994

Erich Klaila: Herr Müller begrüßt Fritz Walter im Frankfurter Stadion. Ein Wiedersehen nach sechzehn Jahren, aus: Nachtausgabe Frankfurt vom 20. 11. 1956, Societätsverlag Frankfurt/Main

Gerhard Seehase: Über die Kunst, Fritz Walter und Nationalmannschaften zu führen, aus: Fußball-Weltgeschichte, hrsg. von Karl-Heinz Huba, Copress Verlag, München

Horst Vetten: »Wir haben Fußball tiefer erlebt«. Wiedersehen mit Puskas, aus: STERN, Hamburg, vom 30. Juni 1994

Jörg Drews: Damals Moment siebenundvierzig jawohl. Unwillkürliche Erinnerungen an eine Jugend am Fuß des Betzenbergs, aus: Ludwig Harig, Dieter Kühn (Hrsg.): Netzer kam aus der Tiefe des Raumes, Carl Hanser Verlag, München 1974

Ludwig Harig: Die Eckbälle von Wankdorf, aus: Ludwig Harig: Hundert Gedichte, Carl Hanser Verlag, München 1985

Friedrich Christian Delius: Der Sonntag, an dem ich Weltmeister wurde, aus: Friedrich Christian Delius: Der Sonntag, an dem ich Weltmeister wurde, Rowohlt Verlag, Reinbek 1994

Fritz Walter: Mit somnambuler Sicherheit, aus: Ludwig Harig, Dieter Kühn (Hrsg.): Netzer kam aus der Tiefe des Raumes, Carl Hanser Verlag, München 1974

Bildnachweis

Bachem, Kaiserslautern: 192
Deutsche Presse Agentur (dpa), Bildarchiv: 16 u. l., 81, 87, 97
Karl Dietrich, Kaiserslautern: 47, 49, 52
Fotoagentur Hartung, Saarbrücken: 197
Hans Günther Hausen, Kaiserslautern: 54
Keystone Pressedienst, München: 23, 66
Fotoagentur Kunz, Mutterstadt: 89, 103, 193, 198
Otto Metelmann, Hamburg: 121 o. r.
Uli Reinhardt, Waiblingen: 138
Schirner Pressebild Agentur, Düsseldorf: 16 o., 17 o., 80, 83, 120 o.
Kurt Schmidtpeter, Nürnberg: 120 u.
Sven Simon, Essen: 57
Süddeutscher Verlag Bilderdienst, München: 96, 135
Ullstein Bilderdienst, Berlin: 93
Walter, Fritz: So habe ich's gemacht, Copress Verlag, München 1962: 16 u. r., 121 o. l., 128, 129
Walter, Fritz: 3 : 2. Die Spiele um die Weltmeisterschaft, Copress Verlag, München 1967: 60, 78, 79
Walter, Fritz: Alsenborn – Aufstieg einer Dorfmannschaft, Copress Verlag, München 1968: 168, 169